SHODENSHA
SHINSHO

「iDeCo《イデコ》」で自分年金をつくる

——個人型確定拠出年金の超・実践的活用術

朝倉智也

祥伝社新書

はじめに

最近、「ｉＤｅＣｏ（イデコ）」という言葉をメディアで目にする機会が増えています。みなさんも、きっとこの言葉に触《ふ》れて、

「ｉＤｅＣｏの詳しい情報を知りたい」

「得だと聞くけれど、利用したほうがいいのか」

などと考えて、本書を手に取ってくださったのではないでしょうか。

ここで断言しますが、みなさんがｉＤｅＣｏに関心を持たれたのは大正解です。というのも、ｉＤｅＣｏは国が国民の老後に向けた資産形成を後押しするために作った公的な制度であり、非常に大きなメリットがあるからです。「老後資金づくりをするなら、ｉＤｅＣｏを利用しない手はない」と言ってもいいでしょう。

今、現役世代の方々の多くが、老後への不安を抱《いだ》いています。

「将来、公的年金はどれくらい受給できるのか」

「老後破産して〝下流〟になったらどうしよう」
「老後に向けて準備をするといっても、どうやればいいのかわからない」
——みなさんも、ぼんやりとこんなふうに感じたことがあるのではないかと思います。

もちろん、いたずらに不安を膨《ふく》らませる必要はありません。しかしこの国が置かれている状況を客観的に分析すれば、こうした不安を覚えるのも無理はないと言わざるを得ないのも現実です。本編で詳しく触れますが、老後に向けて自助努力で資産形成をしていく必要性は、確実に増しています。

そしてこのような状況にある今、iDeCoについて知り、積極的に利用していくことは、安心して老後を迎えるために大変重要なポイントになるのです。

さて、そもそもiDeCoとは、どんなものなのでしょうか？

これは「個人型確定拠出年金」の愛称で、英語の「i」ndividual-type「De」fined「Co」ntribution pension planから命名されました。その名前のとおり「個人」が「年金」を作るための制度で、毎月少しずつお金を積み立てて自分で運用することにより、老後に受け取る資産を作っていくというものです。

ここでみなさんが戸惑《とまど》うのが、「自分でお金を運用する」というところでしょう。多くの日本人にとって、「投資」や「資産運用」は身近であるとは言えません。

「運用なんて、どうやっていいのかさっぱりわからない」

「失敗したら、大きく減らしてしまうのでは……」

などと心配になる方もいらっしゃることでしょう。

ですが、どうぞご安心ください。本書では、iDeCoの制度についてはもちろんのこと、iDeCoを使ってみなさんが具体的に「何をやるべきなのか」を丁寧《ていねい》にご紹介していきます。iDeCoを始めるにあたってどんな金融機関に口座を開けばいいのか、その金融機関でどんな運用商品を選べばいいのか、金融機関名や商品名も挙《あ》げながら解説しますから、この本を1冊読んでいただければ迷うことなくスタートを切れるはずです。

実は、資産運用というのは一度始めてしまえば難しいものでも面倒なものでもありません。このことも、本書を読み進めていただければきっと「なるほど」と納得していただけるのではないかと思います。

私は、金融商品の中立的な評価機関であるモーニングスターの代表として、これまで「投資信託」という運用商品に関する著作を数多く上梓《じょうし》してきました。

iDeCoで資産をしっかり増やしていくには、この「投資信託」の選び方が重要なポイントになります。そこで本書では、iDeCoという制度のなかで投資信託をいかに選び、活用していくべきか、必要な情報もまとめてお届けします。

本書の情報をもとに、安心して暮らせる老後に向けてスタートを切っていただければ幸いです。

二〇一六年十二月

朝倉智也《あさくらともや》

目次

編集協力　千葉はるか
図版　篠宏行

序章

iDeCoを始めるかどうかで、老後が大きく変わる

今「老後不安」が広がっている理由

本書の冒頭で少し触れたように、iDeCoとは「個人型確定拠出年金」制度のこと。ごく簡単に言えばiDeCoは、老後に向けて「自分でお金を出して、自分で運用し、自分の年金を作る」ための制度です。

なぜ、iDeCoのような制度が必要なのでしょうか？　それは、今の現役世代の人々にとって、国民年金や厚生年金などの公的年金ばかりに頼って老後の生活設計をすることが難しくなってきているからです。

みなさんの中にも、「老後にちゃんと年金がもらえないのでは」「今のまま貯蓄を続けても、老後資金が不足するかもしれない」といった不安を抱《かか》えている人は少なくないでしょう。残念ながら、こういった不安が現実のものになる可能性は低くはありません。

みなさんの不安が杞憂《きゆう》ではないことを示す要素は、いくつもあります。

まずは国の歳入歳出のデータを見てみましょう。【図０‐１】（17ページ）は、２０１６年度の国の一般会計について歳入と歳出の内訳を示したものです。

歳入の内訳を見ると、所得税、法人税、消費税などによる税収が約57兆６０００億円あります。一方、〝国の借金〟である国債の発行などによる「公債金収入」は、約34兆４３００億円。つまり、〝借金〟が歳入全体の約35・６％を占《し》めているわけです。この〝国の借金〟の返済は、将来世代が負担することになります。

次に、歳出の内訳を見てみましょう。これほど多額の借金をして、国は何にお金を使っているのでしょうか？

一般歳出は、約57兆８３００億円です。グラフからは、その半分以上を占めているのが社会保障であることがわかります。社会保障関係費は、公的年金や健康保険、公的介護保険などの保障にかかる費用のこと。社会保障は私たちの生活を守る大切な制度ですが、その負担が非常に重くなっていることは、データを見れば一目でわかります。

ちなみに過去のデータを調べてみると、たとえば１９９０年度は歳入のうち税収が

83・8％を占めており、公債金収入は10・2％に過ぎなかったことがわかります。また、同年の社会保障費は11・5兆円で、一般歳出に占める割合は16・6％でした。

こうして過去のデータと直近のデータを比べれば、日本の社会保障費が大きく増加し、その負担をまかなうためにどんどん借金を増やしてきたことがわかるでしょう。

国債の発行を増やしてきた結果、国の債務残高はすでに１２００兆円を超《こ》える水準にまで膨らんでいます。日本のＧＤＰは約５００兆円ですから、ＧＤＰに対する債務残高の割合は2・3倍を超える計算です。

主要先進国と比較しても、日本は群を抜く〝借金大国〟といえます。しかもＧＤＰに対する債務残高の割合は年々高まっており、改善の兆《きざ》しはまったくありません。

社会保障費の増加、それを税収でまかなえないためにどんどん膨らんでいく〝借金〟――。

このような状況に、国はどのように対処しようとしているのでしょうか。

すぐに思いつくのは、消費税の増税です。２０１４年4月、それまで5％だった消費税率が8％に引上げられました。10％への引上げは当初２０１７年4月の予定でし

【図0-1】国の一般歳出と社会保障関係費

（単位：億円）

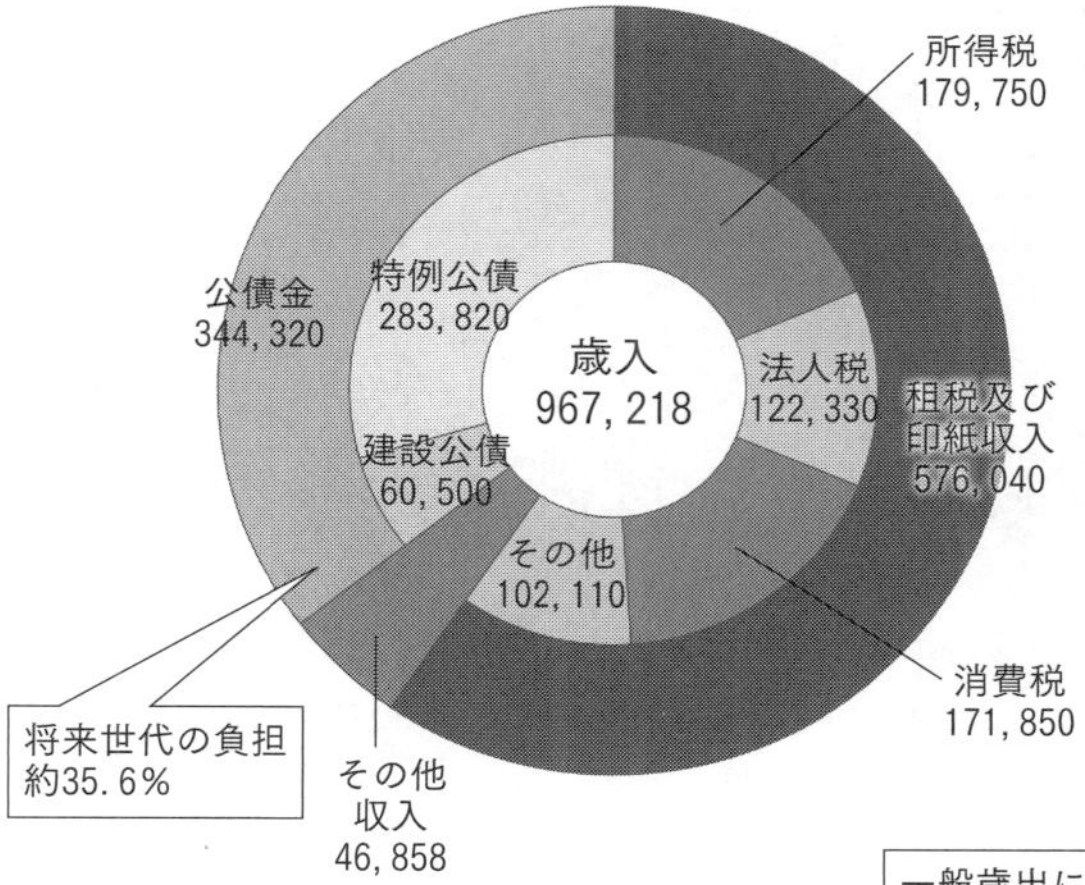

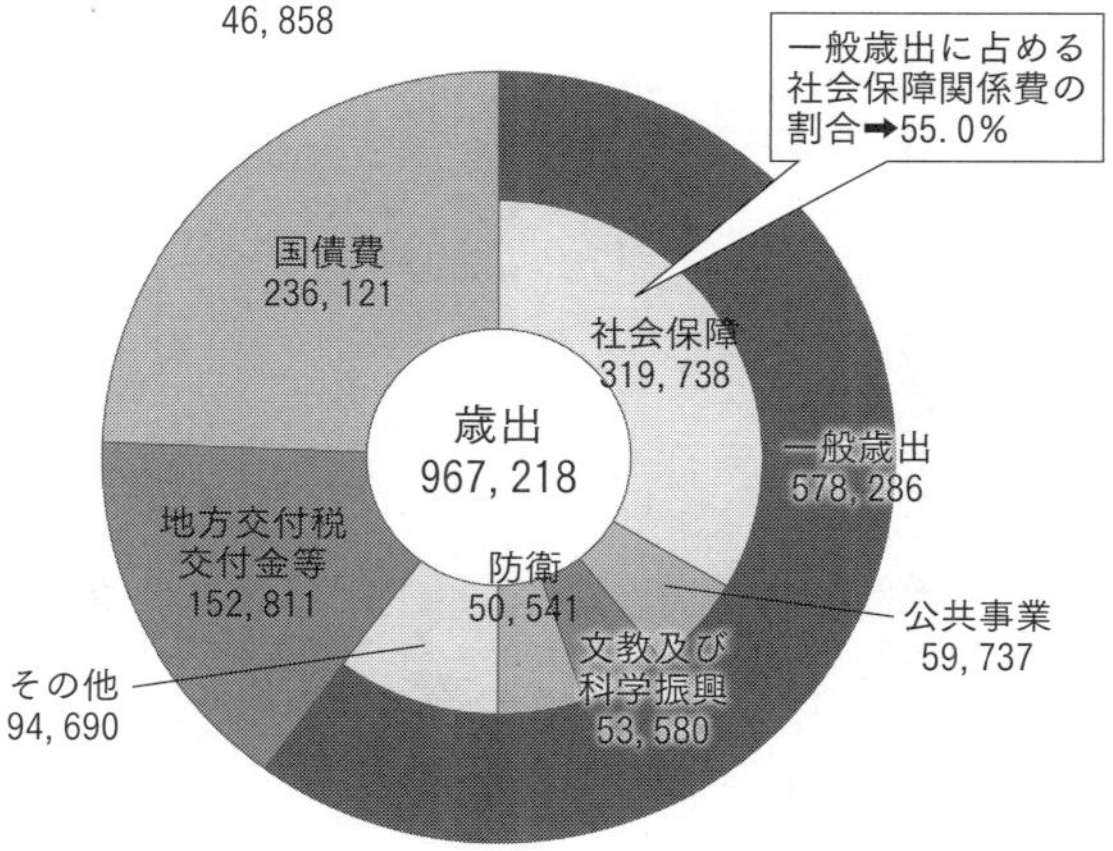

※出所：財務省「平成28年度一般会計予算（平成28年3月29日成立）」

たが、経済状況を鑑《かんが》みて延期され、２０１９年10月に実施される予定となっています。

消費税が10％にまで引き上げられれば、消費者の心理的な負担はかなり大きくなりそうです。しかし、税率引上げはこれが最後ではないでしょう。将来的にはさらなる引上げが実施されることも考えておかなくてはなりません。

たとえば、高福祉国として知られるスウェーデンやデンマークでは付加価値税（日本でいえば消費税のこと）の税率が25％、イタリアでも22％、イギリス、フランスで20％、ドイツで19％と、日本より高い国は多いのです。

このことから推測しても、日本の消費税率が他国並みに引き上げられる可能性は大いにあると言えるでしょう。

社会保障費の増大に対しても、さまざまな手が打たれています。私たちが負担する社会保険料は毎年のように何らかの引上げが行なわれ、一方で年金や健康保険等の給付は削減が続いているのです。

近年の年金保険料引上げについて、言及します。

たとえば国民年金保険料は、２００４年の制度改正により、２０１７年度まで毎年２８０円ずつ引き上げられることになっています。実際には物価や賃金の伸びに合わせて調整が行なわれますが、２００５年度に月額１万３５８０円だった国民年金保険料は、２０１５年度には月額１万５５９０円まで負担が増しているのです。

厚生年金保険料率も２００４年度には13・９３４％だったものが、２０１７年度までに18・３％へと引上げが行なわれています。

なお、２０１５年にはマクロ経済スライドの発動により、年金受給額も目減りしました。

年金受給額は、物価や賃金の上昇率を反映させて決めるのが原則です。しかし現在は、将来世代の負担増を防ぐため、物価や賃金の上昇率よりも年金受給額の上昇を抑《おさ》える仕組みとして「マクロ経済スライド」が導入されています。

２０１４年は物価が２・７％、賃金が２・３％上昇しており、本来の基準に則《のっと》れば年金受給額は賃金と同じ２・３％の上昇となるはずでした。しかし「マクロ経済スライド」によってここからマイナス０・９％、さらにデフレ下で「払いすぎた年金」の特例水準解消でマイナス０・５％となり、年金受給額は０・９％増にとどまりました。

物価上昇率に満たないわけですから、これは実質的には「年金受給額の削減」ということになります。

この「マクロ経済スライド」は、今後30年ほど継続すると見込まれています。つまり、現役世代の年金受給額が今以上に低い水準になることは間違いないのです。

このような動きは、今後も続くと考えておいたほうがいいでしょう。

たとえば年金については、年金保険料が上がる一方で、受給額は少なくなると予想されます。支給開始年齢も、現在の65歳から70歳へ、あるいは75歳へと引き上げられていく可能性を心に留めておかなくてはなりません。

成長しない日本経済と少子化

このようになかなか将来に明るい展望が描けないのは、その前提として、今後の日本経済の成長にあまり期待できないという現実があるからです。

日本の実質GDP成長率の推移について、お話ししましょう。

１９６０年代には、日本は経済成長率が10％を超える高度経済成長期にありました。１９７０〜１９８０年代も経済成長率は４％前後と高い水準を維持しており、日本経済がバブルのピークを迎えた１９８９年の成長率は４・６％もありました。

ところがバブルが崩壊すると、日本は「失われた20年」と呼ばれる低成長時代を迎えます。日本経済はすでに成長期を終えて久しく、成熟期に入っているというのが現実です。

日本経済が成熟期に入ったことは、私たちの生活に大きな変化をもたらしました。給料が上がらなくなったのです。

バブルの余韻《よいん》が残っていた１９９０年代前半頃までは、平均給与額は微増を続けていました。ところが１９９７年に４６７万３００円のピークを付けたその後、ほぼ右肩下がりに減少し、２０１４年には４１５万円にまで低下してしまいました。

賃金の源泉となるＧＤＰがなかなか伸びない中、給料が増えないのはある意味では当然のことでしょう。成熟期に入った日本では今後も低成長が続く可能性が高く、「昔のように、黙って働いていれば少しずつ給料が上がるわけではない」と考えておかなくてはなりません。

みなさんの中には、「そうは言っても、ウチの会社の給料は世間ではそんなに悪いほうではない」と考えている方もいらっしゃるでしょう。しかし、同じ会社に勤める人であっても、20年前、10年前、そして今とで同じ役職の給与を比較すれば、「昔はこんなに高かったのか」と驚くケースが多いはずです。

つまり私たちは、自分でも気付かないうちに「昔の人と同じ仕事をしていても、かつてのようには稼げない時代」を生きているのです。

しかし、日本経済はなぜここまで低迷しているのでしょうか？

大きな要因は、日本の人口構成の変化です。GDPには、「生産年齢人口（15〜64歳）×1人当たりの生産性」が大きな影響を及ぼします。実は日本では、この「生産年齢人口」の占める割合が急速に低下しているのです。

1965年の日本は、総人口が1億人に満たず、65歳以上の「老年人口」は6・3

%でした。

日本全体がバブル経済を謳歌《おうか》していた1985年には、人口は1億2000万人を超えています。その構成を見ると、年少人口（0～14歳）の割合が20年前より減少する一方、老年人口の割合は10・3%にまで高まっていました。

そして2015年には、総人口が1億2700万人近くまで伸びる中、年少人口の割合は12・7%まで大きく低下。老年人口は、なんと26・6%にまで増えています。つまり、少なくとも4人に1人が65歳以上になっているということです。

これらの数字からわかるのは、これから生産年齢人口の割合はますます低下していくこと、そして老年人口の割合が大きく伸び続けるということです。

この少子高齢化に歯止めをかけるための方策として挙《あ》げられるのは、出生率を上げることです。安倍《あべ》首相は、2015年9月に打ち出した「新3本の矢」において子育て支援を重要施策として、「現在1・4程度の出生率を1・8程度まで回復させる」という目標を掲《かか》げました。

この数字は、それほど高いハードルには感じられないかもしれません。しかし、出生率1・8というのは、過去のデータを見ると日本が高度経済成長を謳歌していた時代の水準。現在のように低成長が続く中で、かつての高度経済成長期の水準まで出生率を戻せるのかといえば、それは相当に難しいと言わざるを得ないように思います。

さて、みなさんがご承知のとおり、日本の年金制度は「現役世代が納《おさ》めた年金保険料を高齢者の年金給付に充《あ》てる」という方法で運営されており、このような方法は「賦課《ふか》方式」と呼ばれています。

ときどき誤解されている方がいらっしゃるのですが、みなさんが納めている年金保険料は、みなさん自身が将来受け取るために積み立てられているわけではありません。私たち現役世代がいずれ高齢になって年金を受給するときは、その下の世代が納める年金保険料によって給付が行なわれることになります。

賦課方式の仕組みには、少子高齢化が進むと高齢者を現役世代が支えるのが難しくなるという問題があります。【図0-2】は、「年金扶養比率《ふよう》（年金を受給する高齢の保険者を、何人の現役世代で支えなくてはならないか）」を示したものです。

年金問題が語られるときにはこの図がよく登場するので、「これなら見たことがあ

【図0-2】年金扶養比率は顕著に低下

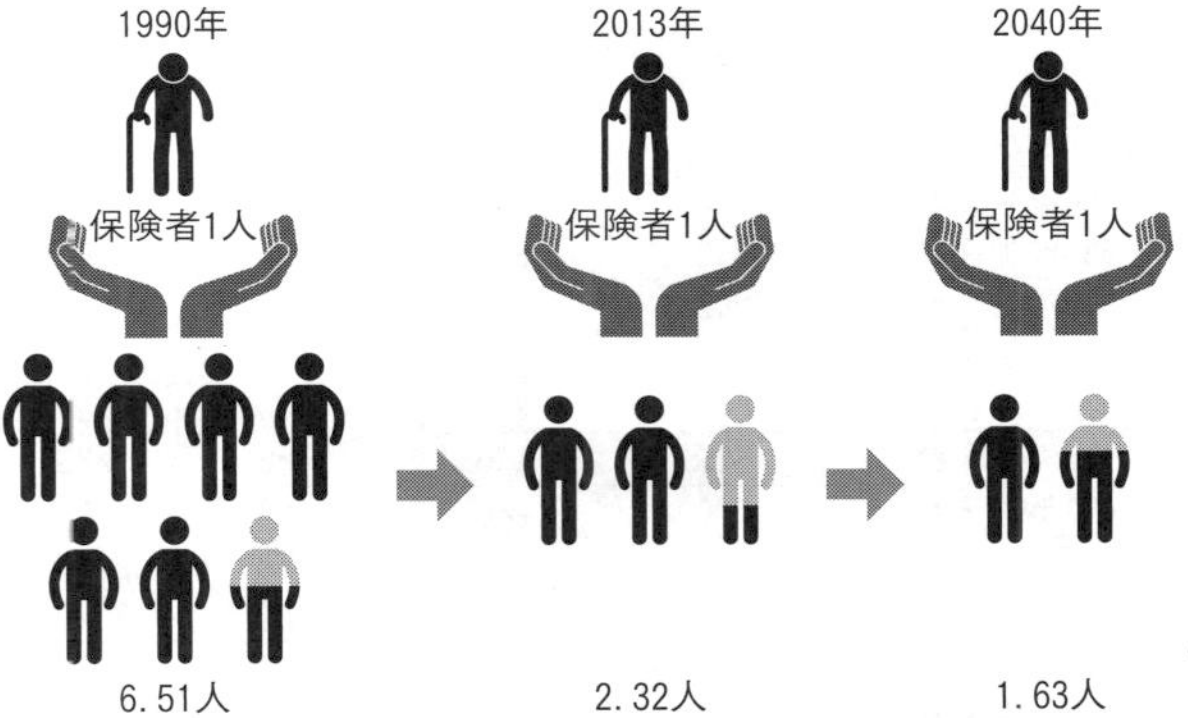

※出所：1990年：厚生労働省 公的年金各制度の年金扶養比率の推移、2013年：第63回社会保障審議会年金数理部会平成27年3月31日、2040年：平成21年財政検証・財政再計算に基づく公的年金制度の財政検証

る」という方が多いでしょう。しかし、最新のデータについてはご存じでしょうか？

２０１３年には、保険者１人をたった２・32人で支えています。これは相当に大変なことですが、みなさんの多くが年金受給者になったり、そろそろ受給者になろうかという２０４０年には、なんとたった１・63人で１人の保険者を支えなくてはならないのです。

いかがでしょう？「昔、見たときよりも状況はさらに悪化している」と青ざめている方が多いのではないかと思います。

【図0-3】社会保障全体の世代間損得勘定

（単位：万円）

	年金	医療	介護	全体
1940年生まれ	3,090	1,450	300	4,840
1945年生まれ	1,770	1,180	260	3,210
1950年生まれ	770	930	190	1,890
1955年生まれ	210	670	130	1,010
1960年生まれ	-260	520	50	320
1965年生まれ	-660	380	0	-280
1970年生まれ	-1,050	260	-40	-830
1975年生まれ	-1,380	130	-80	-1,330
1980年生まれ	-1,700	-40	-120	-1,860
1985年生まれ	-1,980	-240	-150	-2,370
1990年生まれ	-2,240	-410	-180	-2,830
1995年生まれ	-2,460	-480	-210	-3,150
2000年生まれ	-2,610	-620	-230	-3,460
2005年生まれ	-2,740	-720	-250	-3,720

出所：学習院大学経済学部教授　鈴木亘氏「年金財政の現状と現実的な抜本的年金改革」

現役世代の方は、これまでは年金扶養率のデータを見て「支える私たちが大変だ」と不満を感じていたかもしれません。しかし、より先の状況こそ深刻です。私たちが老後を迎える頃、そのときの現役世代は、私たちを支え切れるのでしょうか？

ここで、もう一つデータを見ておきましょう。【図０-３】は、学習院大学経済学部の鈴《すず》木亘《きわたる》教授が発表された『年金財政の現状と現実的な抜本的年金改革』の中の「社会保障全体の世代間損得勘定」です。これは、払った社会保険料と社会保障によって受けられる給付について、その「損得」を生まれた年ごとに試算したものです。

たとえば1940年生まれの場合、払う社会保険料と社会保障から受けられる給付の差額は＋4840万円。これなら、かなり〝お得〟と言っていいでしょう。

しかしデータを見ると、〝お得度〟は若い世代ほど低下していくことがわかります。1965年生まれの人は、払った社会保険料よりも社会保障から受けられる給付のほうが少なく、280万円の〝損〟になっています。そしてこの〝損失額〟は若い人ほど大きくなり、2005年生まれの人は3720万円もの〝損〟になるという結果が出ています。

この試算からは、今の現役世代は社会保障制度において重い負担を背負っていること、そして若年層ほどその負担が増していくという厳しい現実がわかります。

老後への備《そな》え、肝《きも》となるのは早めの資産運用開始

給料は増えず、消費税や社会保険料の負担が上がり、将来受け取れる年金は減って

いくことがほぼ確実――私たちを取り巻く環境は、非常に厳しいと言わざるを得ません。では、このような状況で将来にわたり生活を守っていくためには、どうすればいいのでしょうか？

ここで私がみなさんに強くお勧《すす》めしたいのが、早めに資産運用の取り組みをスタートすることです。

日本では、「投資」や「資産運用」という言葉に抵抗《ていこう》感を持つ方も少なくありません。「資産運用なんて資産家の人のためのもの」「投資といえば株のデイトレードのイメージ。ギャンブルと何が違うのかわからない」「手を出すのが怖い」という方は、きっと読者のみなさんの中にもいらっしゃることでしょう。

しかし、「投資は怖い、預貯金なら安心」という考え方が、必ずしも正しいとはいえないことをご存じでしょうか。

確かに、一昔前までは預貯金でコツコツお金を貯めていれば、公的年金等とあわせて無理なく十分な老後資金を準備できたのではないかと思います。しかし、これから

【図0-4】投信積み立てと定期預金積み立ての比較

毎月：30,000円を30年間積み立てした場合
（積み立て元本：30,000円×12カ月×30年間＝10,800,000円）

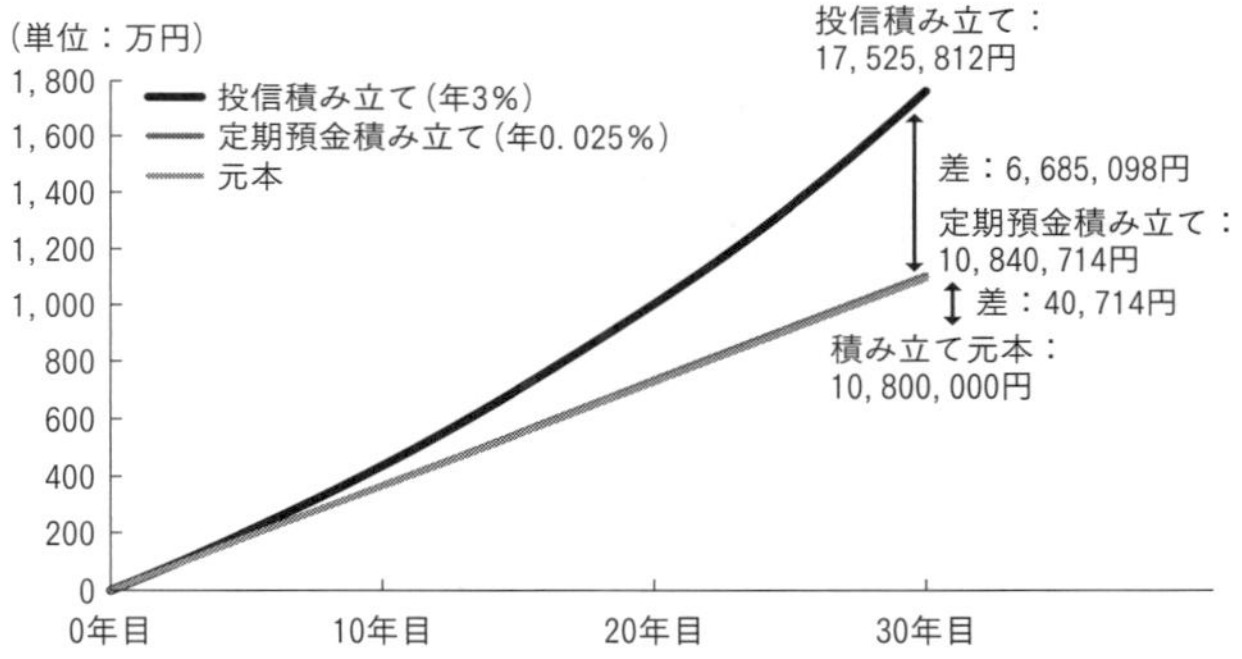

※利息、分配金は税込

の時代は「預貯金でコツコツ」がリスクになる可能性があるのです。

【図０‐４】をご覧ください。これは、毎月３万円を積み立てた場合、30年後に資産がどれくらいになっているかを示したものです。

元本は、「３万円×12カ月×30年間＝１０８０万円」ですね。これを定期積立預金にした場合、年利０・０２５％とすると、30年後の資産は１０８４万７１４円となります。つまり、30年も積み立てをして、増えるのはたったの４万７１４円ということです。

では、投資信託の積み立てをし、年３％

の利回りで運用できたと仮定するとどうなるでしょうか？　30年後の資産は、１７５２万５８１２円にまで増えます。定期積立預金と比べると、なんと６６８万５０９８円もの差がつく計算です。

バブル世代の方は記憶に残っているかもしれませんが、１９９０年には、郵便局（今のゆうちょ銀行）で期間３年以上の定額貯金にお金を預けると、金利は年６・33％もありました。つまり、１００万円を３年間貯金するだけで20万２１７４円（税引き前）もの利息がついたわけです。

しかし２０１６年10月末時点では、３年以上の定額貯金の金利は年０・01％。１００万円を３年間貯金しても、利息はたったの３６０円（税引き前）にしかなりません。

このように、かつての日本では定額貯金などで安全に資産を増やしていくことができました。投資にチャレンジしてリスクを取る必要性は、ほとんどなかったと言ってもいいでしょう。投資が長らく「一部の人のための特別なもの」であり続けた理由は、このあたりにもあるのかもしれません。

しかし、みなさんがご承知のとおり、今の日本は過去に例のないほどの低金利が続いています。

今後はどうかというと、長期的には金利がある程度上昇する局面もあると思いますが、先進国がかつてのような高い経済成長を遂《と》げられなくなってゆるやかに成長する「成熟期」に入った今、低金利の状態は「ニューノーマル（新たな常態）」だとする見方もあります。かつてのように「貯金しておくだけで年6％もの金利が付く」というような状況は、もうやってこないのだと考えておくべきでしょう。

つまり、「預貯金に置いておくだけでお金を増やせた」時代は、完全に過去のものになったのだと言えます。

ここまでのお話で、今の年金受給世代と同じやり方、すなわち「預貯金でコツコツお金を貯《た》めておいて、年金と貯めた老後資金でのんびり暮らす」という方法を真似《まね》ていては、いざ老後を迎えるときに「あれ、老後資金が足りない……」ということになりかねないことがおわかりいただけたのではないかと思います。

では、「増やす」という意味ではほとんど期待できない預貯金に代《か》えて、私たちは何をすべきなのか――それがまさに、資産運用なのです。

ここでまず、多くのみなさんが抱いている大きな誤解を解いておきたいと思います。それは、「資産運用はまったく怖くないし難しくもない」ということです。

それどころか資産運用は、現役世代のみなさんが今のような経済環境に負けず、老後資金をしっかり準備していくための強力な武器となるものなのです。

そもそも投資というのは、株や為替《かわせ》の「上がった、下がった」に賭《か》けて一喜一憂《いっきいちゆう》するようなものではありません。そういった投機的な売買をする投資家がいるのも確かですが、これは数多くある投資スタイルの一部に過ぎません。

私がみなさんにご紹介する投資方法は、「勝つか負けるか」の世界とはまったく別の「投資の王道」ともいうべきものです。

これを一言でいうなら、「世界中のさまざまな資産にお金を投じて、世界全体から〝経済成長の果実〟を得る」方法、ということになります。

過去の歴史を振り返ればおわかりいただけるように、世界の国々は、絶《た》え間なく経済成長の努力を重ねてきました。そしてこうした国々の努力の結果、世界経済は高い山や深い谷を経験しながらも着実に成長を遂げてきたわけです。

では、今後の世界経済がどうなるのかといえば、それを正確に言い当てることは誰にもできません。当然、経済が大きく伸びる国もあれば、低成長にとどまり、ときにはマイナス成長となる国もあることでしょう。

それでも、世界の国々はずっと経済成長を目指して努力を続けているのですから、世界全体で見れば、「経済が一時的に落ち込むことはあっても、長期的には成長を続けていく」と考えるのが自然ではないかと思います。

もしみなさんが、「長期的な世界経済の成長」を信じられるなら、世界中の資産に投資をすることでその成長に乗り、資産を増やせる可能性があります。

具体的にはどうするのかというと、「世界中の『株』や『債券』など、多様な資産に分散投資する」ことになります。

投資の世界に初めて足を踏み入れようとしている方にとっては、「世界中の株や債券に分散投資する」と言われても「そんなことができるのか」「難しくないのか」などと不安を感じるかもしれません。でも、大丈夫です。みなさんが簡単に、世界中に分散投資できる方法があるのです。後ほど詳しく紹介していきますから、どうぞご安心ください。

「怖くも難しくもない」積み立て投資とは

「怖くない、難しくない」投資のポイントは、積み立てにあります。毎月、一定額を積み立て投資することで、みなさんは「値下がりしたらどうしよう」「いつ買っていつ売ればいいのかわからない」といった不安や悩みから無縁で資産運用をすることができるのです。

ここは大事なポイントですから、少し丁寧《ていねい》に見ていきましょう。

投資をするということは、値動きのある金融商品を買うことになります。では、このように時間の経過とともに価格が上がったり下がったりするものを「定期的に、一定額ずつ」買うと、何が起こるのでしょうか?

【図0-5】をご覧ください。みなさんが定期的にりんごを買うと考えてみましょ

【図0-5】定期購入は単価によって購入数量が変わってくる

単価が低いときには購入量が多く、
単価が高いときには購入量が少なくなる。

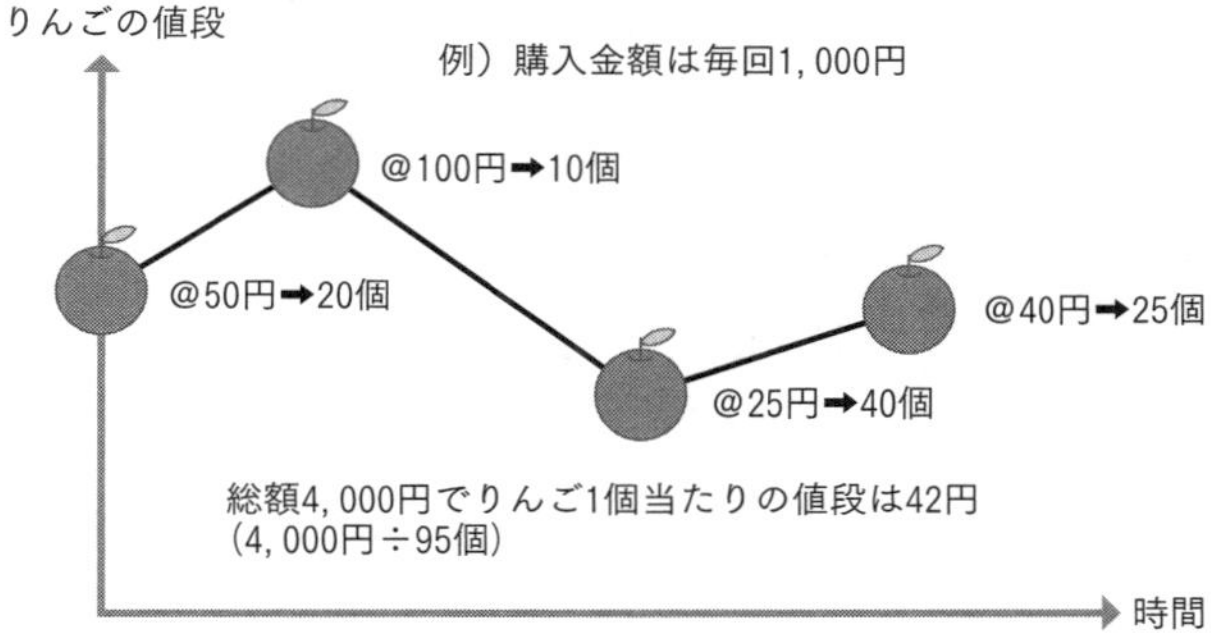

※出所：モーニングスター作成

う。りんごの価格は、変動します。１回あたりに購入する金額は１０００円とします。

最初に買うときは、りんごが1個50円だったので１０００円で20個買いました。

次のときは、りんごの値段は1個１００円。二度目に買えたのは、10個だけですね。

続いて三度目に買うときは、りんごは1個25円まで大きく値下がりしたので、40個も買うことができました。

そして四度目には、1個40円まで値上がりしたので、買えたのは25個です。

それでは、ここで買ったりんごは、1個

あたりいくらになるでしょうか？

総額4000円で95個のりんごを買ったわけですから、割り算をすると、1個あたり42円となります。つまり、価格が50円、100円、25円、40円と大きく上下する中で、「一定額ずつ買う」という工夫によって、平均単価を42円に抑えることができたわけです。

この例からおわかりいただけるように、「一定額ずつ買う」方法では、「1個あたりの値段が安いときにはたくさん買い、高いときには少なく買う」ことで効率的に「量」を増やすことができます。

価格の推移を知ってからこのケースを眺《なが》めると、「価格が25円のときに4000円分を買えれば、160個も手に入れられたのに……」と思う方もいらっしゃるかもしれません。

しかし、価格が変動する商品を買う場合、いつが「もっともお買い得か」を予測するのは非常に難しいものです。もしも価格の見通しを見誤り、1個100円のときに4000円を突っ込んでいれば、りんごは40個しか買えないわけです。

【図0-6】投資の成績は量も重要

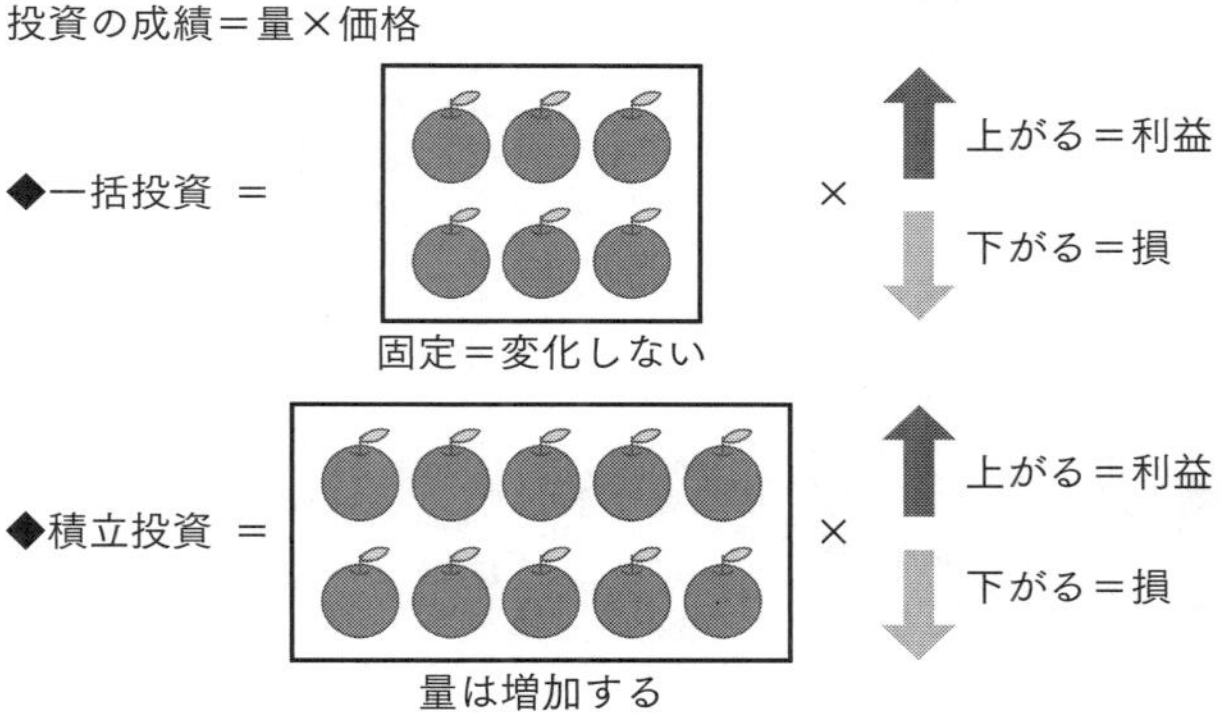

※出所：モーニングスター作成

また、「一番安いときに買おう」とチャレンジすると、「いつが買い時か」を常に考え、頭を悩ませ続けることになります。しかも、そうやって頑張って〝予想〟を立てても、読みが当たるとは限りません。メディアなどで株価や為替の見通しを語る「プロ」たちの予想が往々《おうおう》にして大きく外《はず》れるものだということは、みなさんご存じのとおりです。

さて、このりんごの話を投資に当てはめてみましょう。

投資では、金融商品を「安く買って高く売る」ことができれば利益を上げられます。ですから、多くの人は「投資の成果は、買ったものの価格が上がるか下がるかで決まる」と考えます。

しかし、投資の成果を決めるのは、実は価格だけではないのです。ここで【図0-6】（37ページ）をご覧ください。

りんごを投資対象の商品とすると、買ったりんごを売って得られる利益は「量×価格」で決まります。

たとえば元手が4000円で、1個100円のときにまとめてりんごを買った場合、りんごの「量」は40個。あとは、売るときに価格が100円より高くなるか安くなるかによって投資の成績が決まるわけです。

一方、りんごの価格が動く中、1000円分ずつ「積み立て投資」をすれば効率的に「量」を増やすことができ、先のケースでは95個になったわけです。「量×価格」で計算すると、価格が43円以上であれば、利益が出ることがわかります。

つまり、投資の成績は価格の上下だけで決まるのではなく、買うときに「いかに効率よく『量』を増やすか」が重要なポイントなのです。

次に【図0-7】をご覧ください。

【図0-7】定額の積み立て投資のメリット

株価がピークより半値の状況でも、積み立て投資は利益が出る

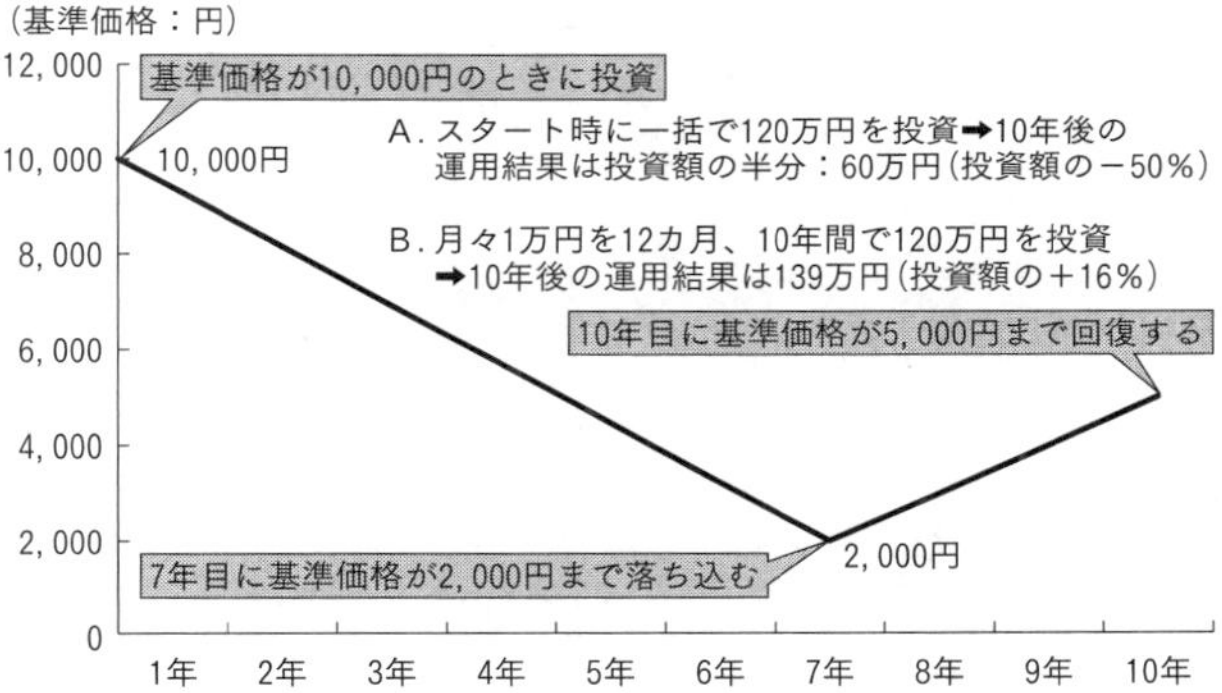

※出所：モーニングスター作成

金融商品に１２０万円を投資し、10年間運用するケースを考えます。投資した商品は当初は価格１万円でしたが、その後、７年間にわたり値下がりしつづけて２０００円になり、さらにその後３年間で５０００円まで値上がりしたものとしましょう。

もしも、この金融商品の価格が１万円のときに１２０万円をまとめて投資していれば、10年後には投資資産はマイナス50％、つまり60万円となります。これでは大損ですね。

しかし、毎月１万円ずつ年間12万円を10年間、積み立て投資するとどうでしょうか？ 積み立てでは、値下がりしたときは

「量」をたくさん買え、一括投資に比べて効率的に「量」を増やせます。このため、10年後には投資資産はプラス16％となり、139万円まで増えるのです。

このように定時・定額で積み立てをしていくと、投資期間中に価格が大きく下がっても、少し価格が戻れば運用成績はプラスになることが多いといえます。つまり、積み立て投資は「値下がりするほどたくさん買える、値下がりがうれしい投資法」なのです。一般に、投資では「買った商品の値下がりは嫌なもの」と考えられがちですが、積み立て投資をしている分には値下がりを恐れる必要はないでしょう。

「値下がりがうれしい」「いつ買ったり売ったりするかを考えなくていい」――こんな投資法ですから、積み立てなら「怖くも難しくもない」わけです。

なぜ「iDeCo」を始めるべきなのか

少し前置きが長くなりましたが、ここまでに投資の必要性、そして「積み立て投資なら怖くも難しくもない」、ということをご理解いただけたのではないかと思います。

【図0-8】老後を支える３つの年金

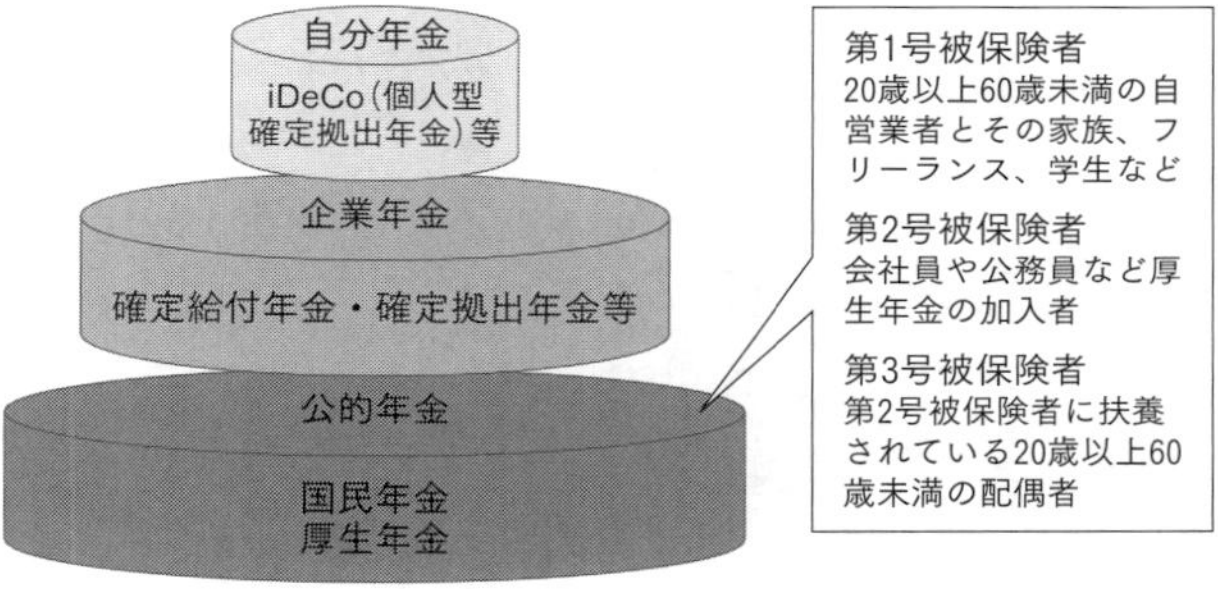

ここでいよいよ、本書のテーマであるｉＤｅＣｏの登場です。

すでに少しご説明したように、ｉＤｅＣｏは国民年金や厚生年金などの公的年金では不足する分を補《おぎな》う、いわゆる「自分年金」を作るための制度。自分で出したお金を、預貯金や保険、投資信託といった金融商品を利用し、自分で運用していく仕組みです。

ここで「年金制度ってどうなっているんだっけ？」という方のために、少しご説明しておきましょう。【図０‐８】をご覧ください。

みなさんの老後を支える年金は、働き方によって加入する年金や将来もらえる年金額が大きく異なります。

ベースとなるのは公的年金制度で、「国民年金（基礎年金）」「厚生年金」がありま す。国民年金は、日本に住む20歳から60歳になるまでの人が全員加入するものです。働いていない大学生でも、20歳をすぎれば加入することになっています。これに加え て、会社員や公務員は厚生年金に加入します。かつて公務員の年金は共済年金でした が２０１５年10月に厚生年金に一本化されました。

自営業などで国民年金のみに加入している人は「第１号被保険者」で、将来は「老齢基礎年金」を受け取ります。会社員や公務員など厚生年金に加入している人は「第２号被保険者」といい、将来は「老齢基礎年金」のほか「老齢厚生年金」も受給できます。第２号被保険者に扶養されている配偶者は「第３号被保険者」で、年金保険料の負担はなく、将来は「老齢基礎年金」を受け取ります。

さらに、勤務先によっては会社独自の「企業年金」がある場合も少なくありません。企業年金には、加入者の加入年数や給与に応じ、原則として将来の年金額が確定している「確定給付年金」や、企業が拠出する〝元手〟の額が決まっていて、加入者がその〝元手〟を自分で運用して運用実績しだいで将来もらえる年金額が決まる「企業型確定拠出年金」など、いくつかの種類があります。

先に見てきたように、公的年金については将来的に受給額の減少や受給開始年齢の引上げが避《さ》け難い状況にあります。

また、企業年金がある方も安泰《あんたい》とはいえません。

たとえば確定給付年金の場合、企業が年金資産の運用の責任を負うことになりますが、昨今《さっこん》の厳しい運用環境の中、予定した利回りで運用できていないケースは多く、年金債務は企業の経営を圧迫するほど膨らんでいるのが現状です。将来、給付額のカットなどにより「期待していたほどもらえなかった」となるおそれがあることを頭に入れておかなくてはならないでしょう。企業型確定拠出年金に加入している場合は、自己責任でしっかり運用に取り組んでいかなければ、将来受け取れる企業年金が十分な額にならないかもしれません。

そこで今後、重要性が増すのが、自分の責任で老後に備《そな》えて資産を形成していく「自分年金」なのです。そしてiDeCoは、老後資金を準備するなら何よりも最優先で活用すべきものといえます。というのも、iDeCoは公的な制度で、国はiD ｅＣｏによって国民が「自分年金」を作ることを強力にバックアップしているからです。

ここで私が言う「国からの強力なバックアップ」とは、ｉＤｅＣｏで享受できる節税メリットのことを指しています。なんと、「拠出時」「運用時」「受給時」の３つの場面で、それぞれ税制面での優遇が受けられるのです。

たとえばｉＤｅＣｏで個人が掛け金を出すと、所得税や住民税の対象になる所得からその掛け金の分を差し引いてもらえます。するとその分だけ、所得税や住民税が安くなるのです。

どれくらい税金が安くなるのかというと、たとえば課税所得７５０万円の人が月２万円ずつ積み立てた場合、30年間で約２３８万円もの節税になります。詳細は第１章でご説明しますが、このメリットだけでもｉＤｅＣｏを利用するには十分な理由になるのではないでしょうか？

ｉＤｅＣｏの制度自体は以前からありましたが、利用者にさまざまなメリットの多い制度であるにもかかわらず、長らく利用者が伸び悩んでいました。

しかしここにきて、ｉＤｅＣｏは一気に世間の注目を集めています。これは、従来は加入できる人が自営業者や企業年金のない会社員に限定されていたのが、２０１７年１月からは原則として現役世代の日本人が全員加入できるようになるからです。特に公務員の方や専業主婦の方は、新たに「自分年金」を作る有力な手段を獲得することになります。

本章でご説明してきたように、今、現役世代が置かれている環境は大変に厳しいものです。このような厳しい時代だからこそ、ｉＤｅＣｏのような有利な制度にはいち早く着目し、早めに将来に向けた資産づくりに着手することが必要ではないかと思います。

ここでのご説明はいったん、以上の概要でとどめておきましょう。

続く第１章からは、ｉＤｅＣｏのメリットについてより深く掘り下げるほか、具体的な使い方、注意点などを詳しく解説していきます。また、どの金融機関を選び、どんな商品に投資していけばよいかも具体的な商品名を挙げて考え方を説明していきたいと思います。

第1章

合法的に誰でも節税できる！

iDeCo「3つの税制メリット」とは

iDeCoについては、「個人型確定拠出年金」という正式名称のイメージから、これまで「難しそう」と敬遠していた人も少なくないでしょう。しかし、iDeCoのメリットの大きさを知れば、「これをやらないのはもったいない!」と思うにちがいありません。

そこで本章では、iDeCoの「3つの税制メリット」について見ていきたいと思います【図1-1】。

「3つの税制メリット」のうちの1つめは、拠出額が全額、所得控除の対象になることです。個人がiDeCoで掛け金を拠出すると、所得から拠出した分が差し引かれることにより、所得税や住民税が安くなります。

2つめは、運用益が非課税になることです。

預貯金や株、投資信託などの場合、利息や分配金、値上がり益などは普通に取り引

【図1-1】iDeCoの税制メリットとは？

3つの税制優遇を確認

① 拠出時	② 運用時	③ 受取時
iDeCoで拠出した分に関して、全額が所得控除	運用期間中に発生した利益は非課税（分配金・利息等）	年金として受け取る場合も、一時金として受け取る場合も控除が受けられる
↓	↓	↓
所得税・住民税の減税効果に	複利効果で効率よく資産を増やせる	退職時の税負担が軽くなる

きをすると約20％が課税されます。たとえば運用で10万円の儲《もう》けが出れば、約2万円の税金を納める必要があり、手元に残るのは約8万円ということになります。

ところがiDeCoでは、運用期間中の利息や分配金、値上がり益などが非課税になるのです。

3つめはiDeCoの受給時、一時金で受け取るなら「退職所得控除」、年金で受け取るなら「公的年金等控除」の対象になることです。このため、税金がかからなかったり、少額で済《す》んだりすることも少なくありません。

さて、これら3つのメリットでは、具体的にどれくらい「得」になるのでしょうか？

課税所得750万円の人で、30年で238万円の節税に

まず、iDeCoに加入することで所得控除によりどれくらい節税できるのか、具体的に計算していきます。

最初に、税金が安くなる仕組みを確認しておきましょう。年収から経費（会社員の場合は給与所得控除）を差し引いたものが「所得」。そして、所得からさまざまな「所得控除」を差し引くことで「課税所得」が計算されます。この課税所得に所得税率を掛けて課税所得に応じた控除額を差し引くことにより所得税額が、課税所得に住民税を掛けることで住民税額が計算されます。所得税率は課税所得に応じて5～45％、住民税率は10％です。

この仕組みからわかるように、所得控除で差し引ける額が大きければ、それだけ所得税額や住民税額は少なくなります。みなさんがよくご存じの所得控除といえば、社会保険料控除、配偶者控除、基礎控除、生命保険料控除、医療費控除、寄付金控除な

どでしょうか。

耳慣れないかもしれませんが、ｉＤｅＣｏの掛け金は、所得控除の一つである「小規模企業共済等掛金控除」にあたります。小規模企業共済等掛金控除として所得から差し引くことができる金額は「その年の掛け金の全額」です。

つまり、拠出した掛け金が多いほど、また所得税率が高いほど、節税できる額は大きいということになります。

【図１－２】（53ページ）を見てください。まず、課税所得４００万円の人が、ｉＤｅＣｏに未加入の場合と加入した場合を比べてみましょう。

課税所得が３３０万円超～６９５万円以下の場合、所得税率は20％、控除額は42万７５００円。住民税率は10％です。

ｉＤｅＣｏ未加入の場合、所得税額は「４００万円×20％－42万７５００円＝37万２５００円」、住民税額は「４００万円×10％＝40万円」となり、所得税と住民税をあわせて77万２５００円。

一方、ｉＤｅＣｏに加入して毎月2万円の掛け金を拠出すると、年間で24万円をまるまる課税所得から差し引くことができ、課税所得は３７６万円となります。所得税額は「３７６万円×20％－42万７５００円＝32万４５００円」、住民税額は「３７６万円×10％＝37万６０００円」で、所得税と住民税をあわせて70万５０００円となります。

つまりｉＤｅＣｏ未加入のケースと加入したケースを比べると、年間で７万２０００の差がつくことになります。

次に、今、課税所得が７５０万円の人のケースで試算してみましょう。

課税所得が６９５万円超～９００万円以下の場合、所得税率は23％、控除額は63万６０００円。住民税率は10％です。

ｉＤｅＣｏ未加入の場合、所得税額は「７５０万円×23％－63万６０００円＝１０８万９０００円」、住民税額は「７５０万円×10％＝75万円」となり、所得税と住民税をあわせると１８３万９０００円になります。

一方、ｉＤｅＣｏに加入して毎月２万円の掛け金を拠出した場合は課税所得は７２６万円となります。所得税額は「７２６万円×23％－63万６０００円＝１０３万３８

【図1-2】所得控除の効果

拠出すると税金が安くなる仕組みを確認しよう

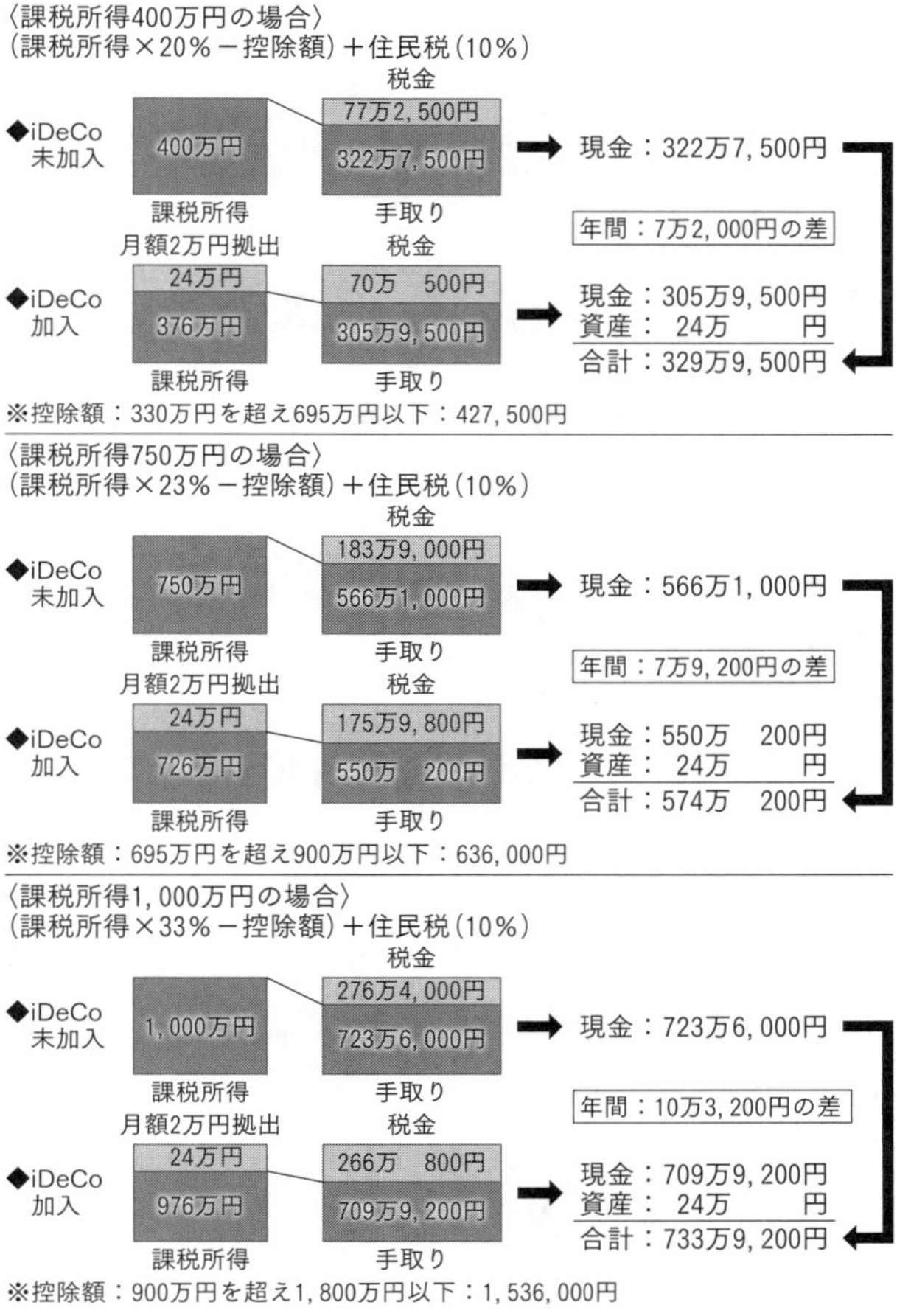

00円」、住民税額は「726万円×10％＝72万6000円」で、所得税と住民税をあわせて175万9800円。

課税所得400万円のケースと比べて所得税率が高くなる分だけ税額の差は広がり、年間の節税額は7万9200円となります。

さらに、今、課税所得が1000万円の人のケースも見てみましょう。

課税所得が900万円超～1800万円以下の場合、所得税率は33％、控除額は153万6000円。住民税率は10％。所得税率がぐっと高くなりますね。

iDeCo未加入の場合、所得税額は「1000万円×33％－153万6000円＝176万4000円」、住民税額は「1000万円×10％＝100万円」となり、所得税と住民税をあわせると276万4000円です。

iDeCoに加入して毎月2万円の掛け金を拠出した場合、課税所得が976万円となります。所得税額は「976万円×33％－153万6000円＝168万4800円」、住民税額は「976万円×10％＝97万6000円」で、所得税と住民税をあわせると266万8000円となります。年間の節税額は、10万3200円です。

【図1-3】期間が長いほど所得控除の節税効果は高い

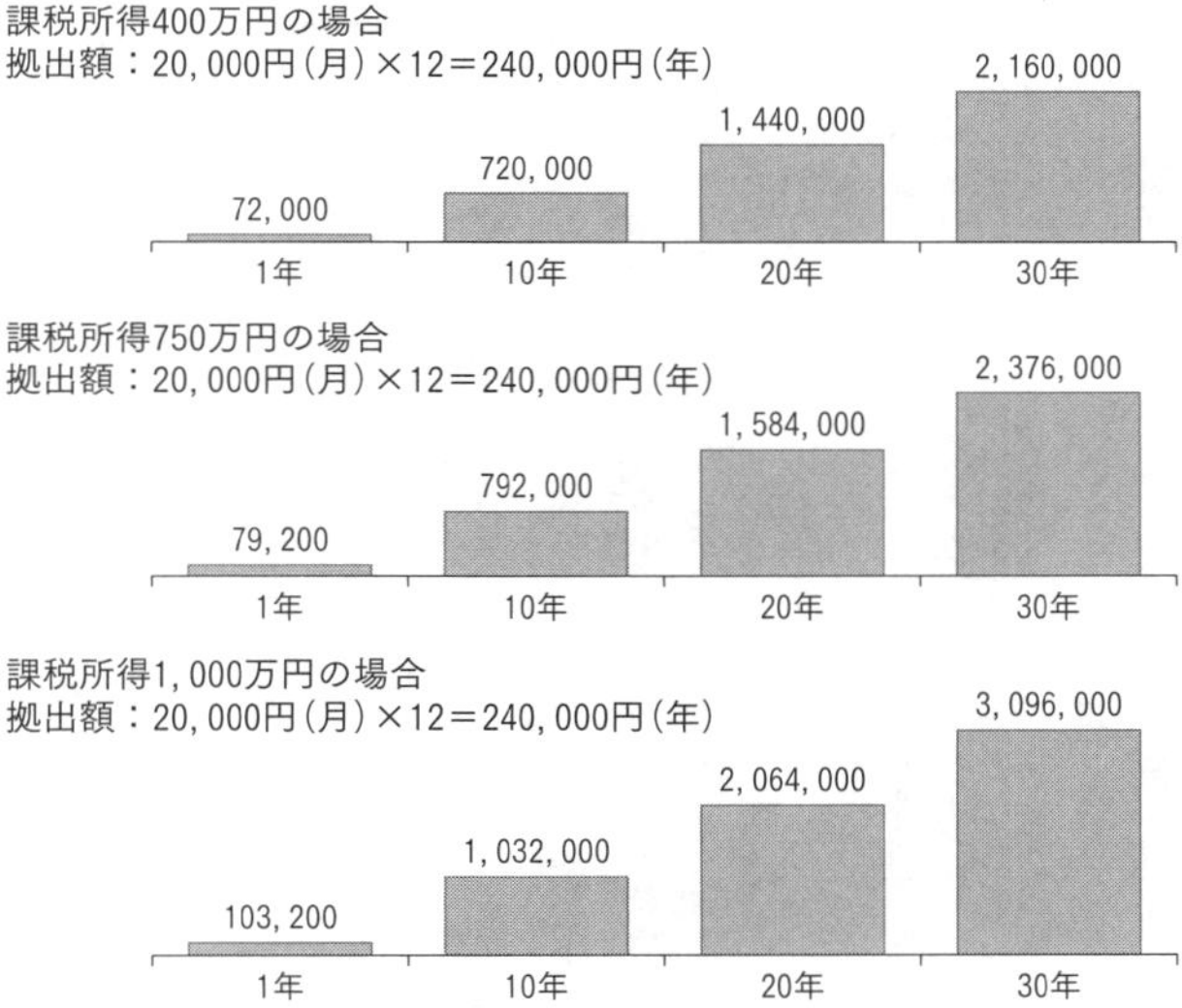

ｉＤｅＣｏは長期にわたり加入することになるため、このような節税効果を10年、20年、30年と継続して受けられます。

たとえば今、課税所得７５０万円の人が毎月２万円拠出するケースについて、課税所得や税率などが変わらないものとして試算すると、節税額は10年間で約79万円、20年間で約１５８万円、30年間で約２３８万円にもなるのです【図１-３】。

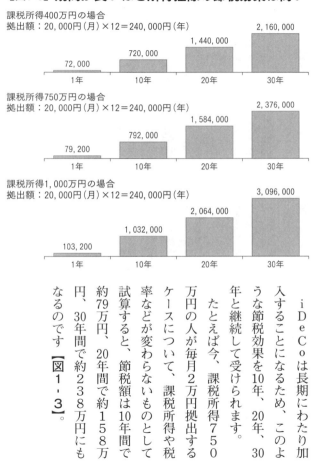

運用益が非課税になることの意味

続いて、iDeCoの「運用期間中、運用益が非課税になる」というメリットについて、効果がどれくらいあるのかを見ていきましょう。

【図1-4】は、毎月2万円を30年間にわたり積み立てるものとして、iDeCoの口座で運用した場合と、運用益が課税される一般口座で運用した場合を試算したグラフです。積立元本は「2万円×12カ月×30年間」ですから、720万円ですね。どちらの口座も運用利回りは年5％と仮定し、一般口座では毎年の運用益から20％が税金から差し引かれるものとします。

計算してみると、iDeCo口座では30年間で資産1664万円まで増えるのに比べ、一般口座では1388万円にしかならないことがわかります。その差は、実に276万円にもなるのです。

運用益が非課税であれば、収益分も運用元本に加えながら〝雪だるま式〟に大きく

【図1-4】運用時の税制メリットは非常に大きい
〈iDeCo口座と一般(課税)口座との比較〉

毎月：20,000円を30年間積み立てした場合
(積立元本：20,000円×12カ月×30年間＝7,200,000円)

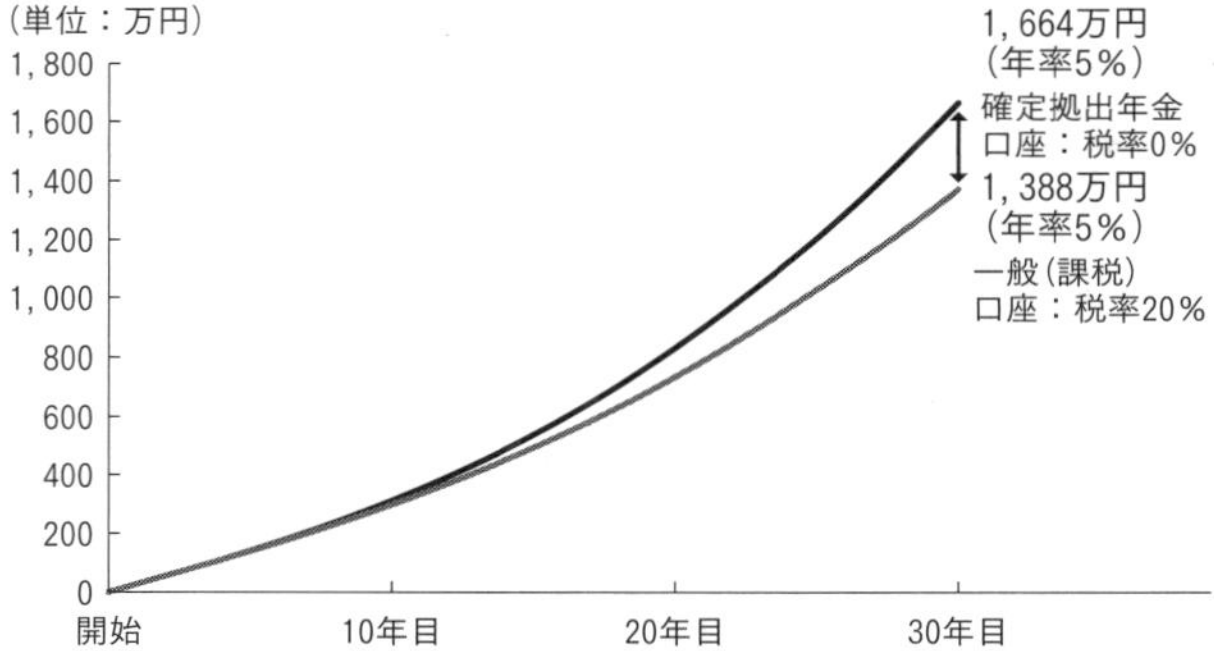

資産を増やすことができます。そして、運用期間が長期にわたるほどその効果は大きくなります。

ここでご覧いただいた資産結果からは、「老後に向けて長期的な資産形成に取り組むのであれば、運用益が課税されない口座を利用することが非常に大きなメリットになる」ということが実感できるのではないでしょうか。

受け取るときも控除の対象に

これまでに見てきたように、iDeCoは拠出した全額が所得控除の対象になり、

運用期間中の運用益も非課税です。iDeCoを利用せずに資産運用をする場合、税引き後の手取り収入から運用に回すお金を出すことになりますし、原則として運用益からは約20％を納税しなくてはならないわけですから、iDeCoは税制面では大変に優遇されています。

しかしiDeCoでも、まったく課税されないわけではありません。ではいつ課税されるのかというと、それは拠出・運用時で資産形成を有利に進めて資産を築いた後のこと。受給する際に初めて、税金が発生します。

とはいえ、受給時にもiDeCoには税制面のメリットがあります。それは、受け取り方に応じて受給額の一部が控除され、税額が安くなることです。

ここで、iDeCoを受給するときの仕組みとメリットを確認したいと思います。まず、iDeCoで運用した資産をいつどのように受け取れるのかを押さえておきましょう。

iDeCoで拠出・運用する資産は、受給要件を満たしたときに受け取ることができます**【図1-5】**。原則として60歳以降は、老齢給付金として「退職一時金」「年

【図1-5】年金の受け取り方法

受給要件は以下の３つ

	老齢給付金	障害給付金	死亡一時金
受け取り方法	退職一時金または年金	年金、または一時金	一時金
受給要件	原則60歳から受給可能(引き出し開始は60歳から70歳まで)	加入者が60歳になる前に怪我や病気によって一定以上の障害状態となり、1年6カ月経過した場合	加入者が死亡した際に遺族が資金残高を請求

↓

加入期間	引き出し可能年齢
10年以上	60歳～
8年以上	61歳～
6年以上	62歳～
4年以上	63歳～
2年以上	64歳～
1カ月以上	65歳～

10年以上の加入期間があれば、60歳から引き出せる。

金」「退職一時金と年金の組み合わせ」のいずれかで受け取りが可能です。ただし60歳から受給できるのは加入期間が10年以上の場合で、加入期間が８年以上10年未満なら61歳から、６年以上８年未満なら62歳から、４年以上６年未満なら63歳から、２年以上４年未満なら64歳から、１カ月以上２年未満なら65歳からとなります。また、受け取り開始年齢を後ろ倒しにして運用を継続することもできますが、70歳までには受給をスタートする必要があります。

なお、もしも加入者が60歳になる前にケガや病気などで一定以上の障害状態となり1年6カ月が経過した場合は、障害給付金として受給可能です。また万が一、加入者が死亡した場合には遺族が死亡一時金としてiDeCoで運用されていた資金残高を受け取ることができます。

多くの方は、iDeCoで拠出・運用して築いた資金は、老齢給付金として一時金や年金形式で受け取ることになるでしょう。まずは、「一時金として受け取れば税法上は退職所得に、年金で受け取れば雑所得になる」ということを覚えてください。

そして、一時金で受け取る場合は「退職所得控除」が、年金で受け取るときは「公的年金等控除」を差し引くことができます。また、基本的にはこれらの控除額が大きければ大きいほど、税額が安くなることになります。

まずは一時金で受け取る場合を見ていきます。

退職所得は「(iDeCoで築いた資産など収入金額－退職所得控除額)×1／2」で計算され、この額が課税対象となります。計算式からわかるのは、退職所得控除が大きければ税額は小さくなること、そして収入金額より退職所得控除が大きければ税金

【図1-6】退職所得控除は、勤続年数（拠出期間）が長期間になるほど控除額が多くなる

勤続年数	退職所得控除額
20年以下	40万円×勤続年数（最低80万円）
20年超	800万円＋70万円×（勤続年数－20年）

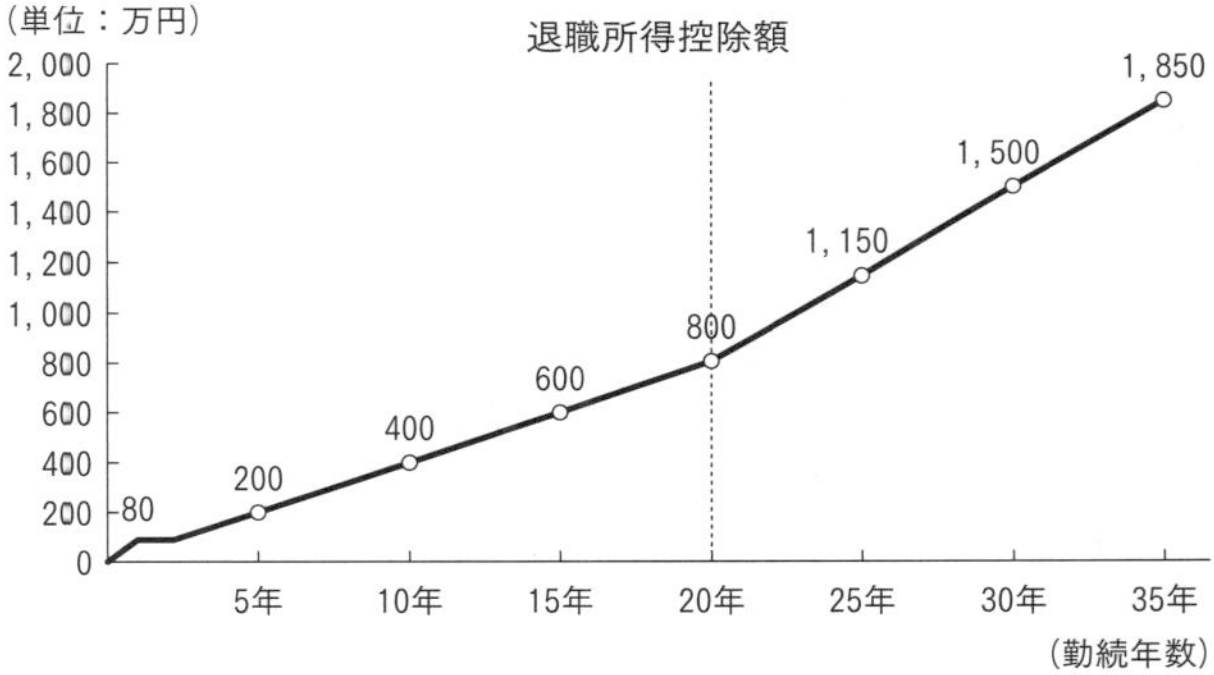

がかからず受給できるということです。

では、退職所得控除はどのように決まるのでしょうか？

【図１－６】をご覧ください。退職所得控除は、一般に勤続年数（掛け金の拠出期間）に応じて決まります。勤続年数が20年以下なら「40万円×勤続年数（最低80万円）」、20年超なら「８００万円＋70万円×（勤続年数－20年）」で、勤続年数が長くなるほど控除額が大きくなる仕組みになっています。

グラフからは、21年目以降は控除額の増え方が大きくなることもよくわかるでしょう。勤続年数（掛け金の拠出期間）が15年なら退職所得控除は６００万円ですが、30年になると１５００万円になります。

つまり、退職所得控除の額を増やすには、ｉＤｅＣｏにできるだけ早く加入して掛け金の拠出期間を長くするのが得策だということになります。

なお、退職所得の計算には、企業から受け取る退職一時金や自営業者が加入する小規模企業共済などの一時金も「収入金額」に含みます。この点もふまえ、税制上のメリットを最大限に活かせるよう、受け取り時期などはよく考える必要があるでしょう。

ｉＤｅＣｏで築いた資産を年金で受け取る場合は「雑所得」扱いになり、「公的年金等控除」を差し引くことができます【図１‐７】。ただし、課税対象となる雑所得にはｉＤｅＣｏの年金形式の受給だけでなく、公的年金や企業年金も含むことに注意が必要です。

公的年金などの収入金額で見ていくと、たとえば65歳未満で年金形式で受け取るお金（公的年金等収入金額）が年間70万円までなら、所得税などはかかりません。しか

【図1-7】年金で受け取る場合の留意点

公的年金控除の概要

雑所得＝(公的年金等収入金額×割合)－控除額

	公的年金等収入金額	公的年金に関わる雑所得の金額
65歳未満	70万円まで	なし
	70万円超～129万9,999円	年金収入×1.00－70万円
	130万円～409万9,999円まで	年金収入×0.75－37万5,000円
	410万円～769万9,999円まで	年金収入×0.85－78万5,000円
	770万円以上	年金収入×0.95－155万5,000円
65歳以上	120万円まで	なし
	120万円超～329万9,999円	年金収入×1.00－120万円
	330万円～409万9,999円まで	年金収入×0.75－37万5,000円
	410万円～769万9,999円まで	年金収入×0.85－78万5,000円
	770万円以上	年金収入×0.95－155万5,000円

雑所得は公的年金や企業年金、iDeCoなど、年金形式で受け取る金額が合算される。会社員など、厚生年金に加入している人は月額で20万円程度、年額で240万円程度になるので、受け取る年金が多い人は、iDeCoの年金が加わるとさらに所得が多くなり税金がかかる。このような人は退職一時金や年金支給開始前に受け取るのも選択肢の一つ。

し、たとえば65歳以上で公的年金等収入金額が年間330万円以上410万円未満の場合は雑所得が「年金収入×0・75－37万5000円」で計算され、総合課税の対象となります。

厚生年金に加入している会社員の方の場合、年金受給額は現在の水準でざっくり200万円程度でしょう。これに加えてiDeCoで築いた資産を年金で受け取る場合などを想定すると、雑所得が大き

【図1-8】iDeCoの受給について

年金払い、一時金払い、併用が可能です

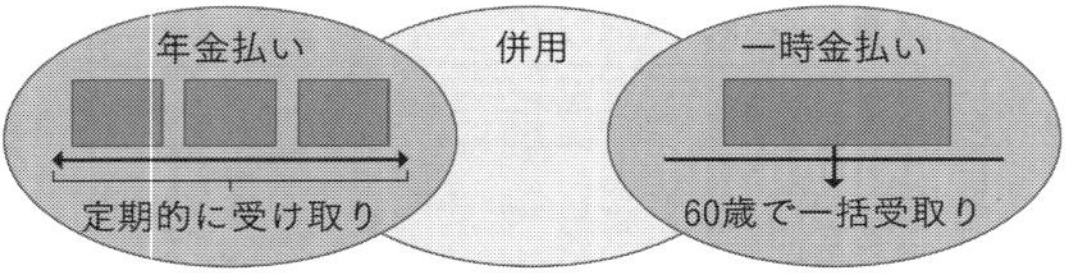

	年金払い	一時金払い
概要	受け取る期間、1年に受け取る回数を指定して運営管理機関に請求。 均等払い(毎月一定額)、割合指定(5〜10%指定した割合で毎年一定割合取り崩す)	運用商品を一括売却し、税金と手数料を引いた額を受け取る。
所得区分	雑所得　総合課税	退職所得
控除	公的年金等控除	退職所得控除
注意事項	給付の都度、事務手数料432円がかかる(給付金から差し引かれる)➡給付の回数を減らすほうがお得	

※年金払いの場合、年金受給期間も残りの資産は運用され続ける

くなって老後の税金の負担が思った以上に重くなったり、国民健康保険料などが高くなったりするケースもあります。

たとえば公的年金の受給が65歳からであれば、iDeCoを年金形式で受け取るのは60歳から64歳までにするといったように、やはり受け取り方については税制メリットを活かす工夫をしたいところです。

最後に、iDeCoの受給時の受け取り方についてまとめておきます【図1-8】。

ｉＤｅＣｏの受給方法には、一時金として一括《いっかつ》で受け取る方法と、年金として受け取る方法があり、これらの併用も可能です。

一時金の場合は、運用商品を一括売却し、税金と手数料を差し引いた額を受け取ることになります。所得区分は「退職所得」となり、「退職所得控除」を差し引くことが可能です。

一方、年金の場合は受け取る期間や1年間に何回受け取るかを指定することになります。所得区分は「雑所得」で総合課税の対象になり、「公的年金等控除」を差し引くことができます。なお、受給期間中も残りの資産は運用が継続します。

いずれの場合も、給付を受けるたびごとに、事務手数料が４３２円かかります。細かい点ですが、給付の回数は減らしたほうが、事務手数料を抑えられるということも覚えておきましょう。

第2章

最低限押さえるべき「運用商品選びの基本2つ」

「分散投資」「長期投資」の重要性

前章でご紹介したiDeCoのメリットを知り、「これは早速始めなければ」と前のめりになっている方もいらっしゃるでしょう。しかし、iDeCoを十分に活用するには、ぜひ先に押さえておいていただきたいポイントがあります。それは、資産運用の〝基本のキ〟です。

もしかすると少し遠回りに感じる方もいるかもしれませんが、これは老後資金づくりに向けた資産運用で大きな失敗をしないために、必ず知っておくべきことです。将来、「こんなはずではなかったのに……」とならないよう、ここでほんの少しだけ、資産運用の基本を勉強しましょう。

ポイントは、大きく分ければ2つだけです。そしてその2つを押さえてしまえば、この後ご説明するiDeCoの活用法もスムーズに理解できるはずです。

1つめのポイントは、「分散投資」「長期投資」の重要性です。

資産運用の経験がまったくない場合、「投資といえば、対象として思い浮かぶのは日本企業の株式だ」という方が多いかもしれません。しかし、投資の対象となるのは国内株式に限らず、先進国や新興国などの株式、国内外の債券、ＲＥＩＴ（リート）などさまざまなものがあります。

ちなみに、債券は株式と比べると身近ではないかもしれませんが、世界への投資を考えていくうえでは中心的な役割を持つ資産クラスといえますから、「債券って何？」という方はここでポイントを押さえておきましょう。

債券は、国や企業が投資家から資金を調達するために発行する有価証券です。利率、利払い日、満期日が決められており、国が発行するのは「国債」、企業が発行するものは「社債」といいます。債券は市場で取引されており、金利の動向などによって価格が変動しますが、株式と比べるとリスク・リターンが低いのが特徴です。

ＲＥＩＴというのは「不動産投資信託」のことで、投資家から集めた資金でオフィスビルや商業施設など複数の不動産を買って運用し、賃貸収入や売買益を投資家に分配する商品です。

リスクを「分散投資」で抑える

ここで【図2 - 1】（72～73ページ）をご覧ください。これは、「国内株式」「先進国株式」「新興国株式」「国内債券」「先進国債券」「新興国債券」「国内REIT」「先進国REIT」という8つの資産について、2005年以降、「その年に各資産に投資をした場合、リターンが高かった順番」に並べたものです。

たとえば2015年について見ると国内株式のリターンがもっとも高く、国内株式に投資すれば年12・06％で運用できたことがわかります。ちなみにこれは、東証一部に上場する全銘柄を対象とした株価指数「TOPIX」に投資した場合のリターンです。以下、他の資産についても同様に、2015年に代表的な指数に投資した場合のリターンを順に見ていくと、2番目にリターンが高かったのは先進国REITで1・81％。以下、新興国債券（1・23％）、国内債券（1・07％）、先進国株式（－1・17

％）、先進国債券（－４・80％）、国内ＲＥＩＴ（－４・84％）、新興国株式（－14・56％）の順となっています。

表の見方がわかったところで、じっくりとデータを見てみてください。

すぐ気付くのは、リターンがもっとも高い資産が毎年入れ替わっているということでしょう。

たとえば８つの資産のうち、２００７年にもっともリターンが高かったのは新興国株式で、34・00％でした。しかし２００８年には新興国株式のリターンは－62・67％と、８資産中最下位になっています。そして翌２００９年、新興国株式は81・13％のリターンとなりまた１位に返り咲いているのです。

また、２０１０年には国内ＲＥＩＴが８資産のトップで、34・12％のリターンを上げました。しかし翌２０１１年には－22・18％で最下位になっています。そして２０１２年には41・02％のリターンで、またトップとなったのです。

さて、みなさんはこのデータを見て、どう感じるでしょうか。「毎年、どの資産が高いリターンを上げるかを予想して的中させられれば、ものすごい運用成績になる

2011年	2012年	2013年	2014年	2015年
新興国債券 2.41%	国内リート 41.02%	先進国株式 55.04%	先進国リート 42.15%	国内株式 12.06%
国内債券 1.87%	先進国リート 37.48%	国内株式 54.41%	国内リート 29.68%	先進国リート 1.81%
先進国債券 0.77%	新興国株式 32.12%	国内リート 41.12%	新興国債券 22.88%	新興国債券 1.23%
先進国リート -1.43%	新興国債券 30.79%	先進国リート 24.46%	先進国株式 21.69%	国内債券 1.07%
先進国株式 -8.40%	先進国株式 30.70%	先進国債券 22.92%	先進国債券 16.76%	先進国株式 -1.17%
国内株式 -17.00%	国内株式 20.86%	新興国株式 18.97%	新興国株式 12.31%	先進国債券 -4.80%
新興国株式 -21.94%	先進国債券 19.33%	新興国債券 15.33%	国内株式 10.27%	国内リート -4.84%
国内リート -22.18%	国内債券 1.86%	国内債券 1.99%	国内債券 4.25%	新興国株式 -14.56%

な」と考える方もいれば、「うっかり最下位の資産にばかり投資したら目も当てられないな」と考える方もいるかもしれませんね。

では現実に多くの〝先輩投資家〟たちがどのように投資をしているかというと、残念ながら、「2007年の相場を見て新興国株を買い、2008年に大損する」といったように、相場を後追いして失敗するケースが目立ちます。つまり、相場を予想してうまく投資をしようとし、その結果、目も当てられないような運用成績で資産を減らしてしまう人は

【図2-1】分散投資の重要性

資産別の年次リターン

2005年	2006年	2007年	2008年	2009年	2010年
新興国株式 52.44%	先進国リート 40.77%	新興国株式 34.00%	国内債券 3.40%	新興国株式 81.13%	国内リート 34.12%
国内株式 45.23%	新興国株式 33.72%	先進国債券 6.84%	先進国債券 -16.95%	先進国リート 37.53%	先進国リート 7.45%
先進国リート 25.60%	国内リート 28.83%	先進国株式 6.62%	新興国債券 -29.85%	先進国株式 35.62%	新興国株式 5.46%
新興国債券 24.91%	先進国株式 23.69%	国内債券 2.66%	国内株式 -40.62%	新興国債券 31.34%	国内債券 2.44%
先進国株式 22.64%	新興国債券 10.83%	新興国債券 1.73%	国内リート -48.63%	国内株式 7.62%	国内株式 0.96%
国内リート 12.08%	先進国債券 9.94%	国内リート -3.05%	先進国株式 -53.39%	国内リート 6.24%	新興国債券 -0.69%
先進国債券 8.26%	国内株式 3.02%	国内株式 -11.11%	先進国リート -56.88%	先進国債券 5.77%	先進国株式 -0.91%
国内債券 0.75%	国内債券 0.21%	先進国リート -15.95%	新興国株式 -62.67%	国内債券 1.40%	先進国債券 -11.30%

※1　各年末時点の値をもとに算出
※2　国内株式＝ＴＯＰＩＸ（東証株価指数、配当込）
国内債券＝ＮＯＭＵＲＡ－ＢＰＩ総合指数
国内リート＝東証リート指数（配当込）
先進国株式＝ＭＳＣＩコクサイ指数（税引前配当込）
新興国株式＝ＭＳＣＩエマージング指数（税引前配当込）
先進国債券＝シティ世界国債（除く日本）
新興国債券＝ＪＰモルガンＧＢＩ－ＥＭグローバルダイバーシファイド
先進国リート＝Ｓ＆Ｐ先進国リート指数（除く日本、配当込）
※3　海外資産はいずれも米ドルベースの各年末値に三菱東京ＵＦＪ銀行の対顧客為替レート（ＴＴＭ）をかけて算出

少なくないわけです。

相場の先行きを正しく読んで値上がりする資産にばかり投資できるとすれば夢のような話ですが、そんなにうまい話はありません。

では、どうすればいいのか——その答えは、シンプルです。「次にどんな資産の価格が上昇し、どんな資産の価格が下落するのかは予測できない」という前提に立てば、どの資産が上昇してもいいように、幅広く世界の資産に投資する「分散投資」がもっとも有効な手立てとなります。目先の価格が下がるものも、上がるものも、とにかく全部買っておいて、トータルで「世界経済の成長」という〝果実〟を手にしようというわけです。

このように幅広く資産を分散して投資することは、運用資産全体の「リスク」を抑える効果もあります。

リスクという言葉は、一般に「危険性」という意味で使われることが多いのですが、投資の世界では「価格のブレ」のことをいいます。そして、値動きのある商品の中でも価格のブレが大きいものは「リスクが高い」、価格のブレが小さいものは「リ

【図2-2】1年間の投資収益幅の比較

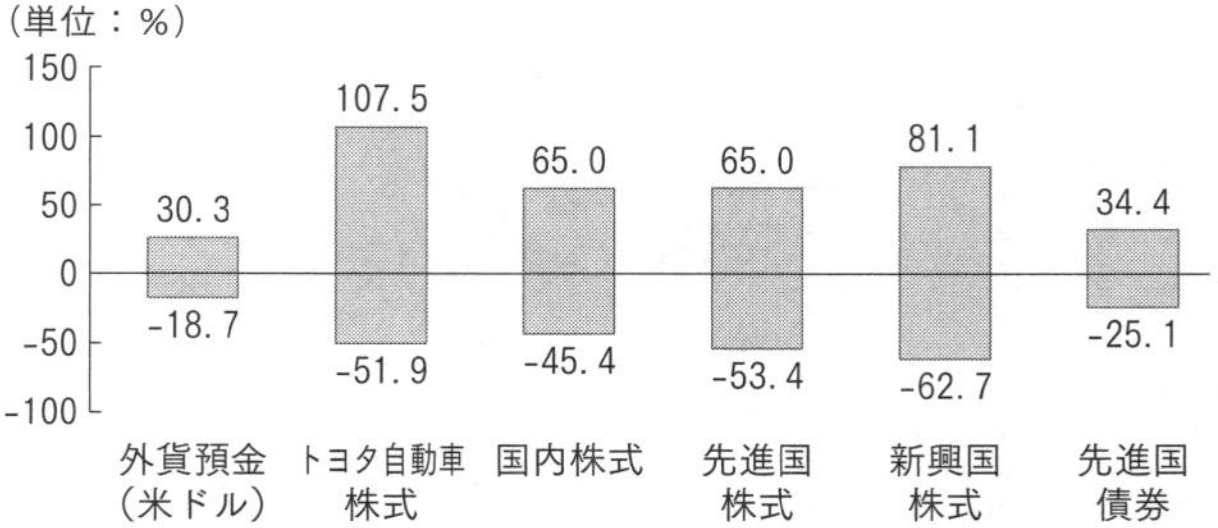

※期間：1996年１月～2016年１月（20年間）のデータをもとに作成
※月末時点で各資産へ１年間投資した場合の最大上昇率・最大下落率を表示
※外貨預金（米ドル）＝ＦＦ金利、国内株式＝ＴＯＰＩＸ（配当込）、先進国株式＝ＭＳＣＩコクサイ・インデックス（配当込、円ベース）、新興国株式＝ＭＳＣＩエマージング・インデックス（配当込、円ベース）、先進国債券＝シティ世界国債インデックス（除く日本、円ベース）
※円ベース＝各インデックス（米ドルベース）×ＴＴＭ

出所：モーニングスター作成

スクが低い」といいます。

ここで【図２－２】をご覧ください。これは１９９６年１月から２０１６年１月までの20年間のデータをもとに、「各月末時点でそれぞれの資産に投資し、１年間保有した場合の最大上昇率と最大下落率」を示したものです。

たとえば、過去20年間のあるタイミングでトヨタ自動車の株式に投資したAさんは、１年で１０７・５％の利益を上げることができました。しかし、別のタイミングでトヨタ自動車株に投資したBさんは、１年で－51・９％の損失を被ったわけです。そしてこの場合、「過去のデータから推測すると、最悪の場合は1年間で最大51・9%下落することが考えられ、最善の場合は1年間で最大107・5%上昇することが考えられる」というのが、「リスク」の正しい認識だということになります。

グラフからは、トヨタ自動車の株式は、「国内株式」全体や「先進国株式」全体と比べると価格のブレが大きく、相対的にはリスクが高いということがわかります。また、新興国株式がほかの資産に比べて価格のブレが大きく、リスクが高めであることなども見て取れるでしょう。

このグラフからもわかるように、リスクとリターンは表裏《ひょうり》一体の関係にあります。ローリスクの商品を選ぶなら期待できるリターンも低くなりますし、ハイリターンを期待するなら高いリスクを取らなくてはならないと考えるのが原則です。

資産を幅広く分散して持つことは、この「リスク」を低減させる重要なポイントです。値動きが異なる資産を併《あわ》せ持つと、一つの資産の価格が下がったときにほかの資産の価格上昇で補う効果があり、保有資産全体の「価格のブレ＝リスク」を抑えることができるのです。

なお、さまざまな資産に分散する際は、株式のようにリスクが高い資産の割合を高めれば保有資産全体のリスクは高まり、逆に債券のようにリスクが低い資産の割合を高めれば保有資産全体のリスクは低くなります。つまり、資産の組み合わせ方によって、リスクはある程度調整できるということです。

プラスの運用効果が期待できる「長期投資」

「分散投資」とあわせて非常に重要なのが「長期投資」です。

仮に、世界中の株式に分散して長期投資をしたとして、過去のデータではどのような運用成績になったのかを見てみましょう。

【図２-３】（78～79ページ）をご覧ください。これは、国内株式はＴＯＰＩＸ（配当込）、先進国株式はＭＳＣＩコクサイ（配当込、円ベース）、新興国株式はＭＳＣＩエマージング（配当込、円ベース）という指数を使い、「国内株式20％、先進国株式50

：30％）

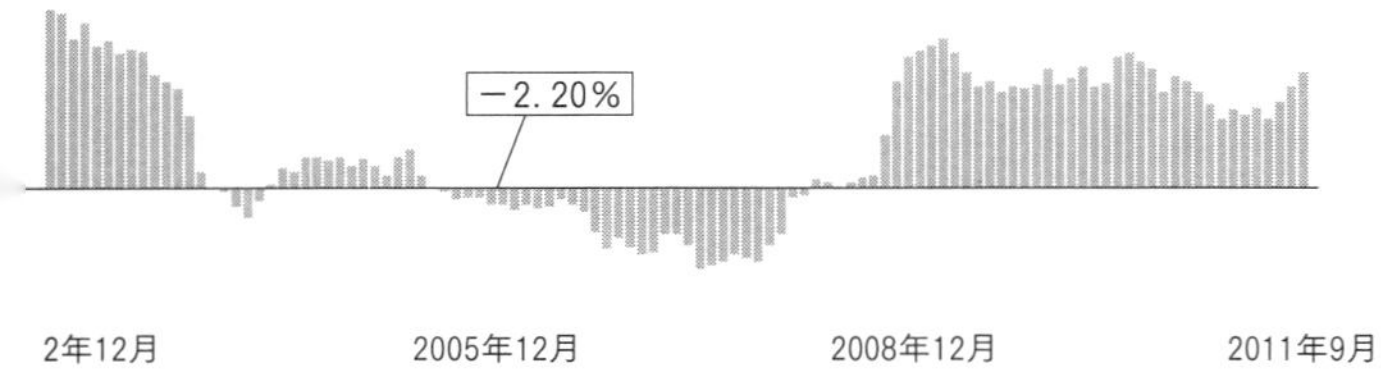

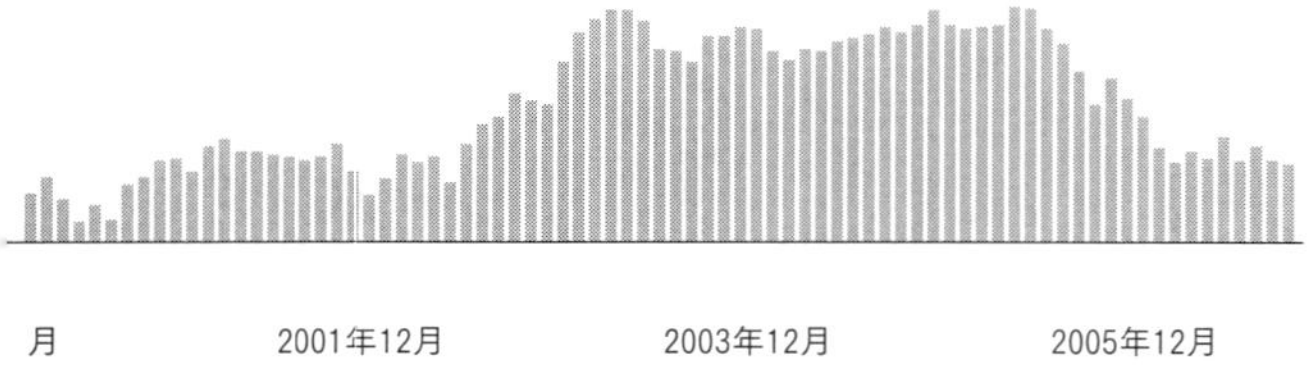

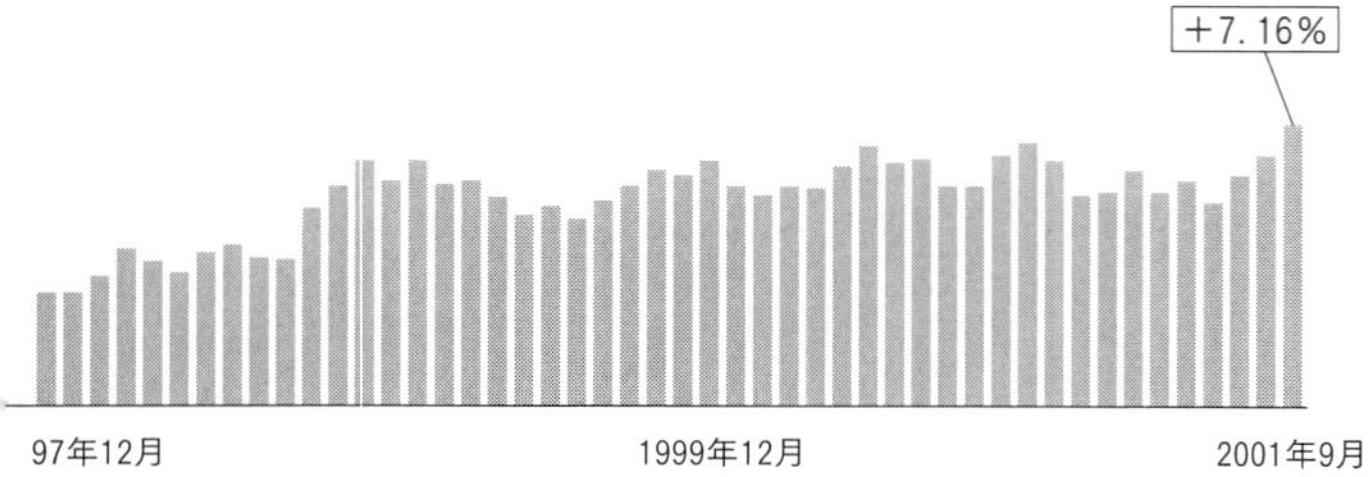

※３　1993年12月から2016年９月までの月次リターンに基づく
※４　国内株式：２割、先進国株式：５割、新興国株式：３割

【図2-3】長期投資の重要性

３資産分散投資（国内株式：20％、先進国株式：50％、新興国株式

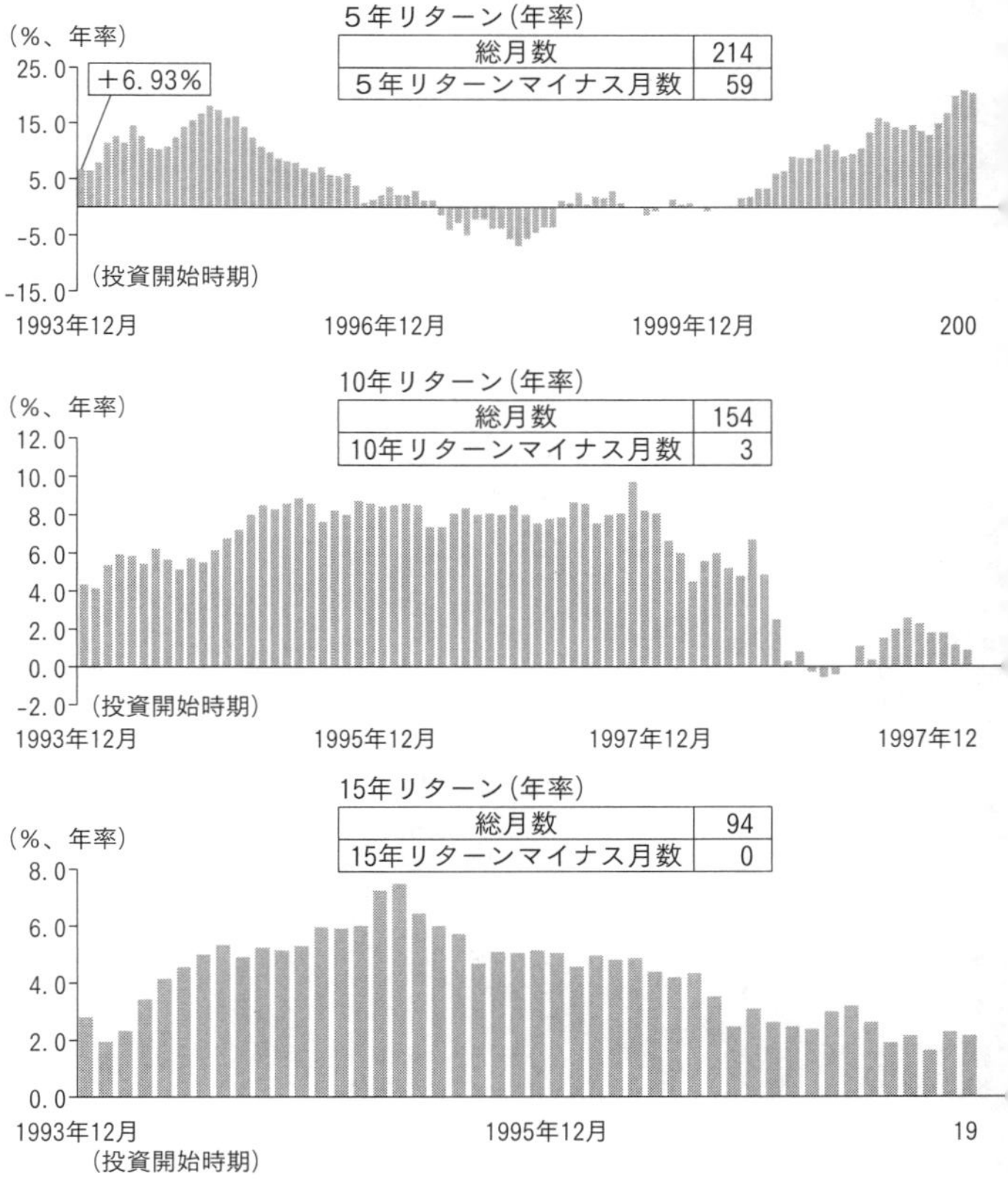

※１　日本株＝ＴＯＰＩＸ（配当込）、先進国株＝ＭＳＣＩコクサイ（配当込、円ベース）、新興国株＝ＭＳＣＩエマージング（配当込、円ベース）

※２　円ベース＝ドルベースの月末インデックス値×月末円・ドルレート（ＴＴＭ）

%、新興国株式30%」という資産配分（ポートフォリオ）で投資をしたものとして、投資開始時期による運用パフォーマンスの変化を示したものです。株式に100%投資するので、リスク・リターンが高いポートフォリオと言えますが、結果はどうなるでしょうか？

グラフの見方をご説明すると、たとえば上段の「5年リターン（年率）」のグラフの左端のデータは「1993年12月に『国内株式20%、先進国株式50%、新興国株式30%』の割合で投資したら、5年後の1998年12月時点でのパフォーマンスは年率6・93%だった」「2005年12月に同じ割合で投資したら、5年後の2010年12月時点のパフォーマンスは年率2・20%のマイナスだった」ということがわかるわけです。

同様に、中段の「10年リターン（年率）」のグラフは、各年に「国内株式20%、先進国株式50%、新興国株式30%」に投資した場合の10年後のパフォーマンスを、下段の「15年リターン（年率）」のグラフは、各年に同じ割合で投資した場合の15年後のパフォーマンスを表しています。このグラフの右端のデータからは「2001年9月に『国内株式20％、先進国株式50％、新興国株式30％』で投資したら、15年後の２０１６年９月時点のパフォーマンスは年率７・16％だった」ということがわかりますね。

３つのグラフを見比べると、「投資期間が５年から10年へと長くなると〝負け〟になるタイミングが減っている」こと、さらに「いつ投資を始めても、15年間保有すれば運用パフォーマンスはプラスになっていた」ことがわかります。

これがまさに、長期投資の効果です。

もちろん、過去のデータは将来の運用成績を約束するものではありません。しかし長期分散投資の効果を予測するうえで参考にすることはできるでしょう。このように分散投資をし、10年、20年、30年と長期運用すれば、高い確率でプラスのリターンを上げることができそうです。

ここで思い出していただきたいのが、ｉＤｅＣｏでは運用期間が10年、20年、30年と長期にわたるということです。これだけの期間があれば、しっかり資産を分散して投資することでプラスの運用成果を上げることが期待できるでしょう。

なお、ここで見たデータは一度に資金を投じた場合のパフォーマンスです。iDeCoでは、序章でご紹介した積み立てによる「時間分散」も取り入れられるので、購入価格が平準化されることも安定的な運用に寄与します。

世界への分散投資を可能にする「投資信託」

投資経験がない方は、「世界の資産に分散投資するといっても、どうやればいいいんだろう」と疑問を持たれるのではないかと思います。しかし実のところ、世界中の資産への分散投資というのは、誰でも簡単に実現可能なのです。

そのツールとなるのが、「投資信託（投信）」です。

投信は、たくさんの投資家から集めた資金を、プロが金融市場で運用してくれる商品です。「ファンド」と呼ばれることもあります。

投信のもっとも大きな魅力は、少ない金額からでも購入可能で、数多くの銘柄に分散できる点にあります。

たとえば、手元に10万円あり、これを運用する場合を考えてみましょう。個別に株式の銘柄を選んで買うとすると多くても数銘柄程度しか買えませんが、投信なら同じ10万円でも幅広い銘柄に分散投資できるのです。

なお、株式投資では、投資した企業がつぶれて株が紙くず同然になるおそれもあり、最悪の場合は投資したお金がすべてなくなってしまうことも考えられます。この点、投信はたくさんの銘柄を組み入れているため、価値がゼロになるということは起こりえません。

投信には多様な銘柄がありますが、基本的な性格を知るには、主に投資対象となる地域や資産の種類をチェックしましょう。

投資対象となる資産には、株式、債券、ＲＥＩＴのほか、金（ゴールド）などのコモディティ（商品）といったものがあります。

投資対象地域は、日本国内のみを対象とするもののほか、アメリカやオーストラリアなど個別の国を対象とするものや、「オセアニア」「欧州」など特定の地域を対象とするもの、「先進国」や「新興国」のように経済発展の度合いで国をくくって対象とするものなどがあります。

投資信託では、これら「資産」と「地域」を組み合わせ、「国内株式ファンド」「先進国債券ファンド」「欧州ＲＥＩＴファンド」といった多様な商品が運用されています。国内外の株式、債券、ＲＥＩＴなどさまざまな地域や資産を組み合わせて運用する「バランス型」と呼ばれるものもあります。

個別の投信をチェックしていくには、基本的な用語を知っておく必要がありますから、ついでにそれも押さえてしまいましょう。

投信は投資家から集めた資金を運用会社が運用し、その運用の結果によって日々、資産の総額が変わります。この資産の総額を「純資産総額」と呼びます。

投資信託を売買する際の基本的な単位は「口（くち）」で、純資産総額を口数で割ったものがその投信の「基準価額」です。

自分が購入したときよりも一口あたりの純資産総額が増えれば、売却により値上がり益を手にすることができます。このほか、月1回〜年1回行なわれる決算の際に「分配金」が出ることもあります。

投信はプロに運用してもらう商品ですから、その運用などに対価を支払うことになります。運用期間中、毎年差し引かれるコストは「信託報酬（運用管理費用）」と呼ばれます。なお、一般には投信を購入する際に「販売手数料（購入時手数料）」もかかりますが、ｉＤｅＣｏでは販売手数料は無料です。

ｉＤｅＣｏの月々の最低積立額は５０００円となっていますが、これを１円単位でさまざまな投信に振り分けることができる仕組みになっています。つまりｉＤｅＣｏでは、月５０００円から複数の投信を組み合わせるなどして、世界中の幅広い資産に分散して投資できるわけです。

なお、もともと投信は証券会社や銀行などで1銘柄1万円程度から購入できるのが一般的で、毎月積み立てで購入する場合なら1銘柄５００円～１０００円程度から設定可能な金融機関もあり、少額からさまざまな銘柄に投資できて幅広い分散や多様な運用プランを実現できるのが特徴といえます。この点、ｉＤｅＣｏではさらに少額から多様な銘柄に分散しやすくなっているのはうれしいポイントです。

コストはできるだけ低いものを選ぶ

　さて、本章の冒頭で、資産運用の〝基本のキ〟は、大きく2つのポイントを押さえればよいとお伝えしました。ポイントの1つめは「分散投資・長期投資」でしたね。ここからはもう1つのポイントである「低コスト」について、ご説明していきたいと思います。

　先ほど触れたように、投信で資産運用をするにはコストがかかります。特に注目すべきは、運用期間中ずっとかかり続ける「信託報酬」。これは「純資産総額に対して年0・5％」などというように決められており、運用会社、販売会社、受託会社に対して、資産の運用や管理などを行なってもらうことへの報酬として支払います。

　ここで信託報酬について取り上げるのは、運用期間中ずっと資産から差し引かれ続けるものであるため、長期の運用成績に与える影響が非常に大きいからです。

　実はこのことは、投資家の間でもあまり認識されていません。多くの投資家は、金

【図2-4】コストの違いでリターンが変わる

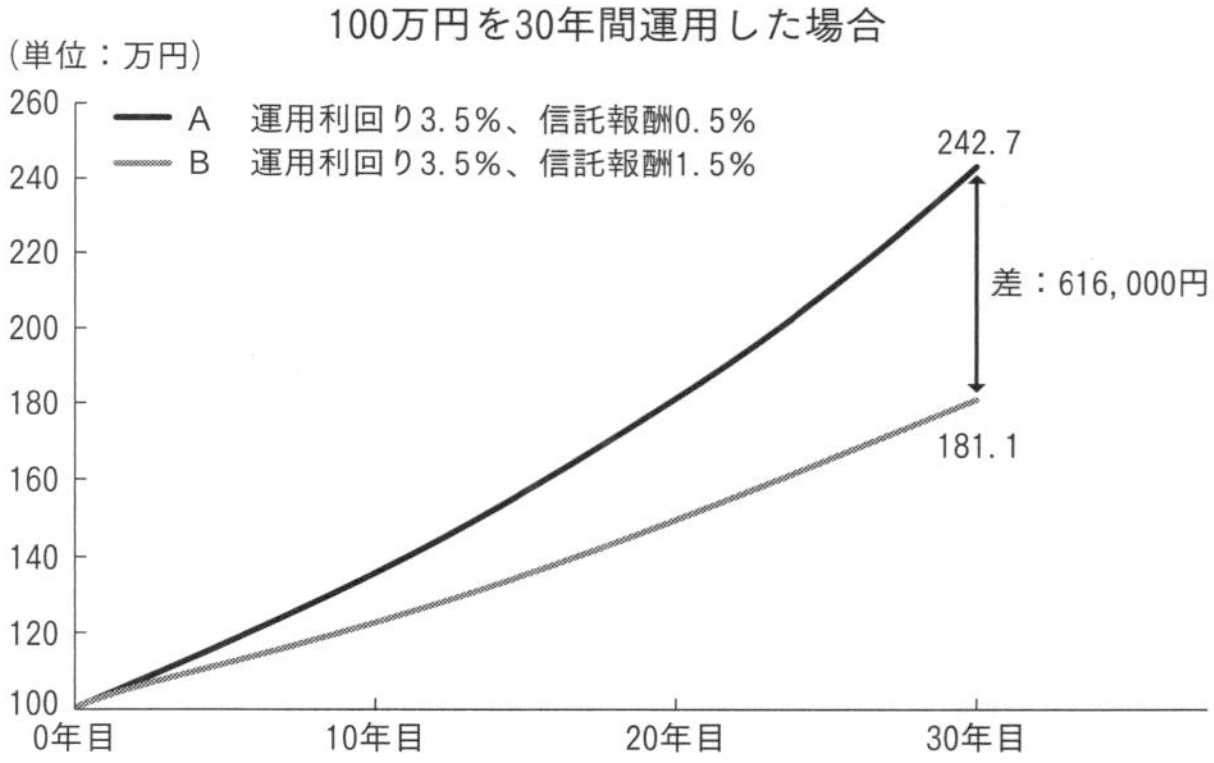

融商品を選ぶときに「どれくらい増えそうなのか」ということを重視します。ベテランと呼ばれるほどの投資経験を持つ方であっても、「コストのことは考えたことがない」という人も珍しくないのです。

しかし、長期的な資産形成を行なっていくうえでコストが高い商品を選んでしまえば、将来の運用成果に対して確実に大きくマイナスの影響をもたらします。信託報酬は、絶対に外すことができない重要なチェックポイントだと言ってもいいでしょう。

ここで、コストの違いが運用成果にどのような影響をもたらすのかを具体的に見てみましょう【図2-4】。

今、運用利回りが年3・5％の投信AとBがあり、投信Aの信託報酬が年0・5％、投信Bの信託報酬が年1・5％であるとします。

この場合、投信Aは年3・5％の運用利回りを上げ、コストとして年0・5％が差し引かれるため、実質的な利回りは年3％となります。同様に、投信Bの実質的な運用利回りは2％。つまりコストの違いにより、同じ運用利回りの投信AとBの間に、実質的には1％の利回りの差がつくことになるわけです。

「たった1％の違いか」と感じる方も多そうですが、この1％の差が長期では運用成績に大きな影響を与えるのです。

たとえば今、100万円を一括投資して30年間運用するとしましょう。投信Aは242万7000円まで増えますが、投信Bでは181万1000円にしかならず、その差は約62万円にもなるのです。

いかがでしょう、この差を見ると「コストはよくチェックしなければ」という意識が芽生《めば》えてきませんか？

運用商品を選ぶうえでは、「信託報酬がより低いもの」を選ぶのが鉄則だと頭にいれておきましょう。

世界的に低金利が続き、日本ではマイナス金利が導入されている現在、資産運用の世界では年１％の利回りを安定的に得ることさえ簡単ではない時代です。信託報酬については、０・１％ほどの差があれば、より低いものを選ぶほうが望ましいと判断すべきだと思います。

投資をしていくうえでは、運用利回りは事前に保証されていませんから、投資家は結果をコントロールすることができません。

しかし、コストに関しては最初からどれくらいかかるかを知ることができ、より低いものを選択することが可能なのです。「自分でコントロールできる部分＝コスト」にこだわることで、運用パフォーマンスの確実な向上を目指したいものです。

「低コストのインデックスファンドで分散投資」で決まり

コストにこだわって投信を選ぶとなれば、有力な候補となるのは「インデックスファンド」です。

投信には、運用のスタイルにより「インデックスファンド」と「アクティブファンド」という区別があります【図2-5】。

インデックスファンドとは、日本株なら「東証株価指数（TOPIX）」や日経平均株価、先進国株なら「MSCIコクサイ」といった指数（インデックス）に値動きが連動するように運用されている投信のことをいいます。

一般に、インデックスファンドはプログラムされたシステムによって運用されるため、運用会社やファンドマネジャー（運用責任者）によってパフォーマンスが左右されることはほとんどありません。

たとえば日経平均株価に連動するインデックスファンドには非常に多くの商品があ

【図2-5】インデックスファンドとアクティブファンドの比較

	インデックスファンド	アクティブファンド
投資目標	指数に連動する	指数を上回る パフォーマンスを目指す
コスト	低い	高い
リスク	市場平均並	市場平均より高い
商品ごとの 運用成績	あまり差がない	商品によって差がある

りますが、運用のパフォーマンスは同じと考えてよく、どれか一つを選ぶなら「より低コストのもの」を選択するのが〝正解〟ということになるでしょう。

一方、アクティブファンドは指数を上回るパフォーマンスを目指して運用されるもののことをいいます。

アクティブファンドはファンドマネジャーが独自の調査などに基づいて組み入れる銘柄を選定するため、投資成果は運用方針やファンドマネジャーの手腕次第で大きく変わります。このため、同じような運用方針に見える日本株アクティブファンドでも、商品によって運用成績には大きな差があるのが普通です。

また、アクティブファンドはファンドマネジャーが銘柄を厳選し銘柄数を抑えているものもあります。このようなファンドは高いパフォーマンスが期待できる一方で大きく下落することも考えられ、リスク・リターンは高めになります。

インデックスファンドとアクティブファンドを比較した場合、投資対象地域や資産クラスなど同じカテゴリー同士で比べれば、一般にはインデックスファンドのほうが信託報酬は低くなります。これは、インデックスファンドでは、組み入れ銘柄の選定のための調査などに手間《てま》をかける必要がないことが、主な理由です。

２０１６年1月時点における信託報酬の平均をアクティブファンドとインデックスファンドで比較すると、「国内株式型ファンド」で１・56％と０・69％、「先進国株式型ファンド」で１・90％と０・80％、「新興国株式型ファンド」で１・77％と０・68％、「先進国債券型ファンド」で１・28％と０・68％となります。

インデックスファンドのほうが圧倒的にコストが低いことがおわかりいただけるでしょう。その差は、先進国株式型ファンドでは１・１％にもなります。

さて、ここまでご紹介してきたインデックスファンドとアクティブファンドの特徴をふまえて、みなさんはどちらを選びたいと思いますか？

おそらく、「アクティブファンドはコストが高いのが気になるけれど、運用のプロがインデックスを上回る高いパフォーマンスを目指して運用してくれるなら、アクティブファンドのほうが儲かるのでは？」と考えた方もいらっしゃると思います。

ですが、運用のプロが運用してくれるからといって、アクティブファンドがインデックスを上回る運用成績を上げられるとは限らないことに注意が必要でしょう。それどころか、実はアクティブファンドの多くは、インデックスに勝てずにいるのです。

日本株で運用されているアクティブファンドについて、ＴＯＰＩＸのパフォーマンスを上回ったものがどれくらいあったのかを調べたところ、たとえば２００６年には、日本株アクティブファンドのうちＴＯＰＩＸを上回るパフォーマンスを上げられたものは38％だけでした。

このようにして毎年のデータを見ると、過去10年間でアクティブファンドの半数以上がＴＯＰＩＸを上回ったのは、なんとたった4回しかなかったのです。

もちろん、アクティブファンドの中には高いパフォーマンスを出し続けている優《すぐ》れたものもあります。

しかし、アクティブファンドの多くがインデックスファンドを下回る運用しかできていない中、優れたアクティブファンドを選ぼうと思えば運用実績のデータなどを細かくチェックしていく必要があり、ある程度の手間をかけることは避けられません。

さらに、ひとたびアクティブファンドに投資すれば、投資開始後も「優れた運用を継続できているかどうか」をウォッチしつづけることが欠かせず、仕事や家事・育児などで忙しい現役世代の方にとっては少々、荷が重いのではないかと思います。

これらのポイントを総合的に考え合わせた場合、私は、ｉＤｅＣｏでは「低コストなインデックスファンドの組み合わせ」で運用するのが最適ではないかと考えています。ですから、ｉＤｅＣｏでは低コストの「国内株インデックスファンド」「外国株インデックスファンド」「国内債券インデックスファンド」「外国債券インデックスファンド」などを組み合わせ、これらに長期分散投資をしていくことを基本的な運用プランとしてご提案したいと思います（より詳しく具体的な運用プランは、第5章でご紹介します）。

これで、資産運用の基礎知識は十分です。最後にもう一度、序章でご紹介した内容とあわせて大事なポイントを復習しておきましょう。長期的に資産を形成していくた

めには、

【分散投資】……世界中の多様な資産に分散して投資する。分散投資により、リスクを抑えて安定的に運用できる。

【長期投資】……5年、10年、20年、30年と長く投資を続ける。長期投資によりリスクが低減し、プラスのリターンを上げられる可能性が高まる。

【積立投資】……投信などの運用商品は、定時定額で積み立てることで「安いときほど多く」買える。積み立てなら取得価格が平準化され、「高値づかみ」を防げる。

【低コスト】……運用にかかるコストは、長期的に運用の成果に大きな影響を与える。特に投信では毎年かかり続けるコストである「信託報酬」が低いものを選ぶのが鉄則。


この４つが重要な鍵をにぎることを、よく頭にいれておいてください。

次章では、ｉＤｅＣｏの全体像と具体的な手続きについて見ていきましょう。

第3章

iDeCoの仕組みと手続き

ｉＤｅＣｏを使える人、使うべき人

第３章では、ｉＤｅＣｏの仕組みについて詳しく見ていきましょう。

ｉＤｅＣｏは、従来は自営業者やフリーランスの人か、勤務先に企業年金がない会社員しか加入できませんでした。しかし法改正により、２０１７年１月からは現役世代の日本人のほぼ全員がｉＤｅＣｏに加入可能となります。企業年金のある会社員、公務員、専業主婦などに対象者が大幅に拡大されるのです。

このように対象者が大幅に拡大した背景には、政府が「貯蓄から資産形成へ」というたい、国民が資産運用に取り組むことを後押ししていることがあります。なぜ、政府は国民に資産運用をさせようとしているのでしょうか？　おそらくそこには、「公的年金だけに頼っていては老後の資金の準備が間に合わないかもしれない、国に頼らず自助努力で資産を形成していってほしい」というメッセージが込められているのではないかと思います。

【図3-1】現役世代の全国民がiDeCoに加入できる

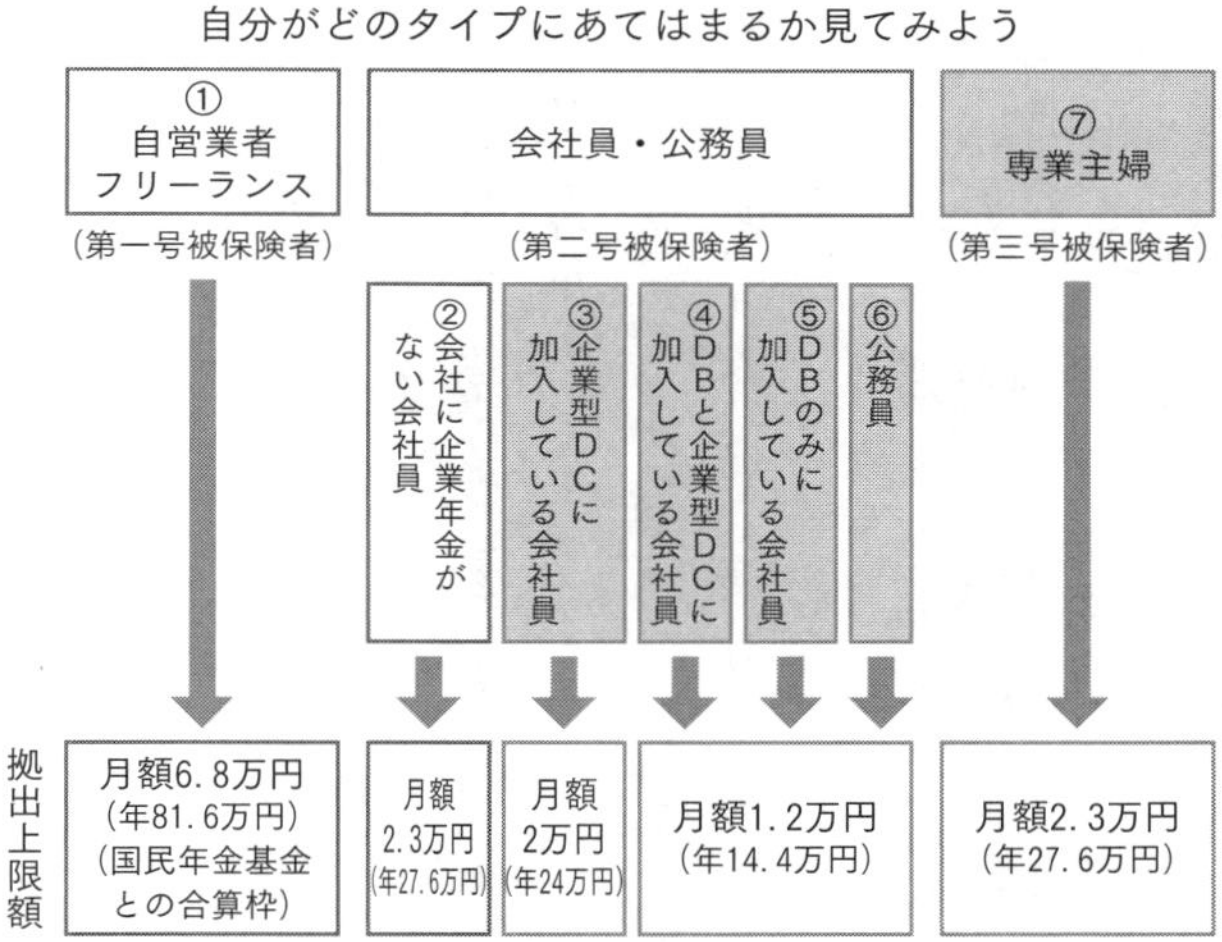

※③④の第二号被保険者は所属する企業・団体により、個人型DCの加入の可否が異なる。詳細は次ページ
※DBは確定給付企業年金、DCは企業型確定拠出年金

　iDeCoをどの程度活用できるのかについては、働き方などによって差があります。【図3-1】をご覧ください。

　わかりやすいところから見ると、まず自営業者やフリーランスの方の場合、国民年金基金と合算で月額6万8000円まで拠出できます。年間では81万6000円です。

　また、公務員の方は月額1万2000円まで、年間では14万4000円の拠出が可能となっています。

専業主婦（第3号被保険者）は月額2万3000円、年間では27万6000円の拠出が可能です。

少々複雑なのは会社員の方で、勤務先の企業年金によって違いが生じます。【図3-2】をご覧ください。

まず、勤務先に企業年金がない会社員の場合は月額2万3000円、年間では27万6000円の拠出が可能です。

次に、勤務先に企業年金があり、それが確定給付型（確定給付企業年金［DB］や厚生年金基金など）のみの場合は、月額1万2000円まで、年間では14万4000円の拠出が可能です。

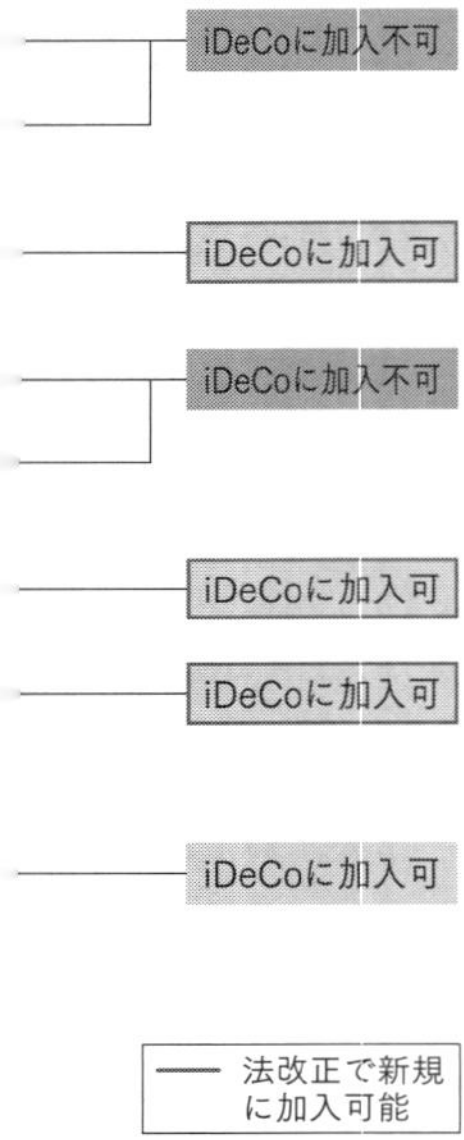

注意が必要なのは、勤務先で企業型確定拠出年金（DC）が導入されていてそれに加入している方です。

【図3-2】会社員のiDeCo加入範囲

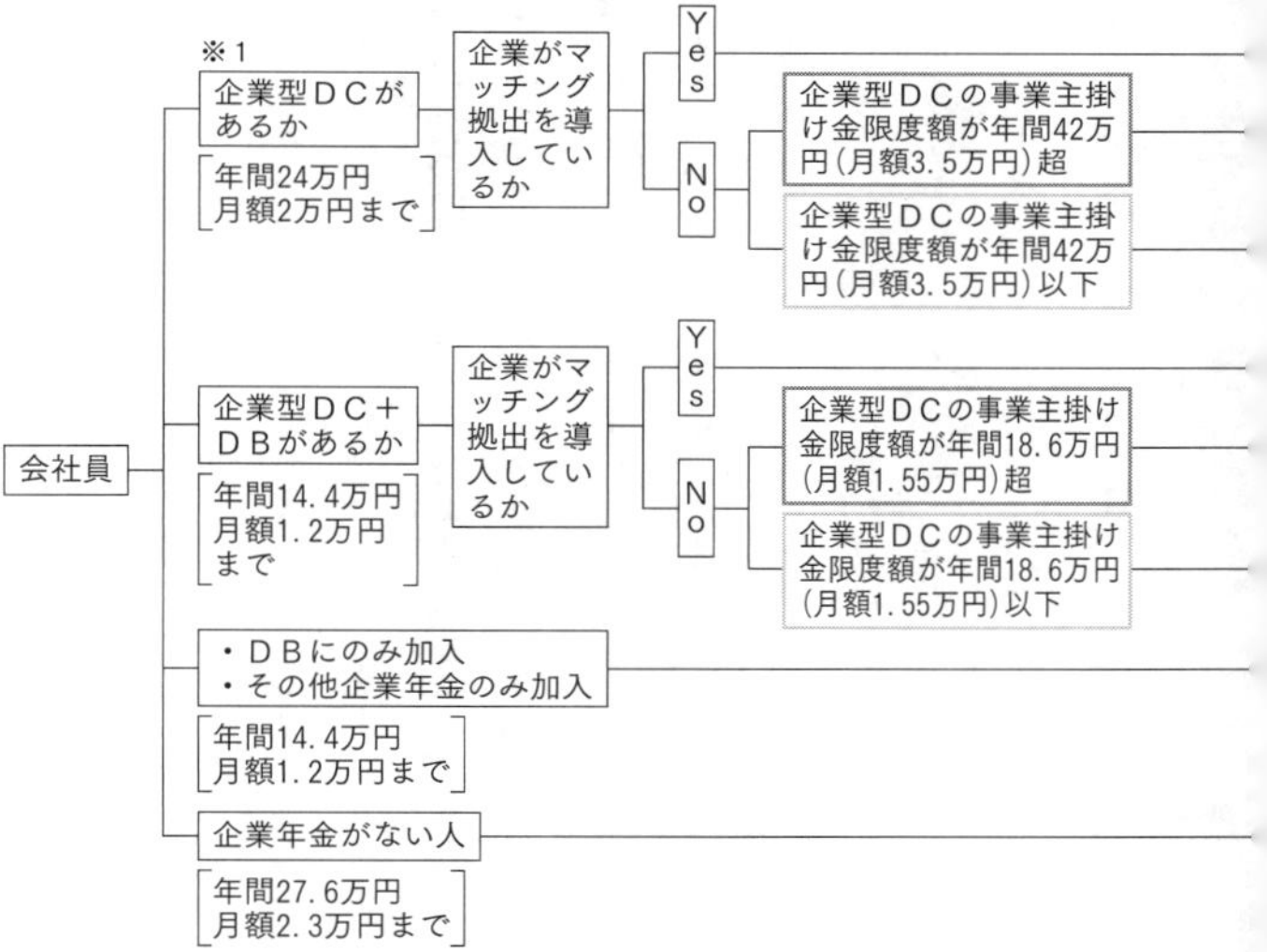

※1：企業が選択加入制の企業型DCを採用しているが、前払い退職金等を選択し、企業型DCに加入していない人は企業型DCに加入しているのと同じ扱いである。

企業型DCの規約などによってはiDeCoに加入できないケースもあります。自分がiDeCoに加入できるかどうかを知りたい場合は、総務・人事部門など担当部署に質問して確認することをお勧めします。

なお、残念ながら企業型DCのみ加入となる方も、本書の第5章から解説していく運用商品の選び方についてはぜひ知っておいていただきたいところです。該当する方は、その部分をお読みいただければと思います。

専業主婦の方についていては、一つ注意していただきたいことがあります。それは、収入がない方や所得税・住民税を払っていない方の場合、もともと税金を払っていないので節税の効果は発生せず、「掛け金が所得控除の対象になる」というメリットが受けられないことです（もちろん、パート収入があって所得税や住民税を払っている方であれば、所得控除のメリットを享受できます）。

このことをもって、「収入がない専業主婦はiDeCoに加入するメリットがあまりない」という意見もあります。

しかし、私は収入のない専業主婦の方もiDeCoに加入して「自分年金」を作ることをお勧めします。運用益が非課税になるというメリットは専業主婦の方でも享受《きょうじゅ》できますから、通常の課税口座に比べれば老後資金づくりを有利に進められることは間違いありません。それに、今は「夫が加入していればいい」と思うかもしれませんが、受給する10年後、20年後のこととなると予測しづらい面もあるはずです。たとえば離婚するケースなどを想定すると、やはり妻も夫とは別に「自分年金」を作っておいたほうがいいのではないでしょうか。

拠出額の話がでてきたところで、ｉＤｅＣｏでは「どれくらいのお金を」「どのように」拠出できるのかについてもここで押さえておきましょう。

まず、「企業年金がない会社員なら月額２万３０００円、年間27万６０００円まで拠出可能」というのは、あくまで上限額の話です。実際に拠出する金額はこれより少なくても構いません。

拠出額は、最低で毎月５０００円です。つまり「企業年金がない会社員」の場合なら、月５０００円～月２万３０００円の範囲で自由に決められるということになります。掛け金の額は年に一度変更可能なので、「あまり余裕がない」という方は、まずは月５０００円からスタートして余裕が生まれたら拠出額を増やしていくとよいでしょう。

もちろん、先にご説明したように、拠出額が大きいほうが節税メリットは大きくなりますから、余裕がある方ならできるだけ上限額まで拠出したほうがお得であることは間違いありません。また、退職所得控除の額を増やすには、ｉＤｅＣｏにできるだけ早く加入して掛け金の拠出期間を長くするのが得策であることも忘れないでください。

なお、現在のところ掛け金の限度額は月単位で決められていますが、2018年からはこれが年単位に変更されます。

現状では、「毎月2万3000円」とすると1カ月ごとに2万3000円を拠出する権利が発生しては消えていくことになりますが、2018年からはこれが「毎年27万6000円」となることで、1年の間に27万6000円までならいつ拠出してもよいことになるわけです。拠出の自由度が高まることで、ますます使い勝手がよくなりそうですね。

選べる金融商品、選ぶべき金融商品

次に、iDeCoではどんな商品で運用できるのかを見ていきましょう。

【図3-3】は、iDeCoの運用対象となる商品の範囲を示したものです。投資信

【図3-3】iDeCoはどんな商品で運用する？

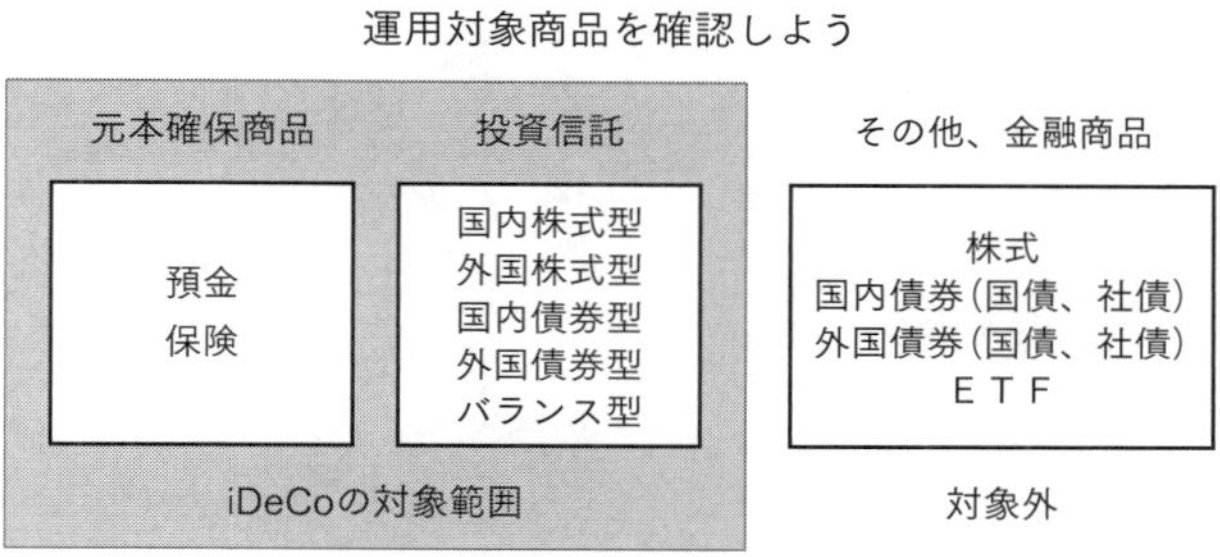

託のほか、元本確保商品として「預金」「保険」も対象範囲に含まれます。他方、株式や債券、ＥＴＦなどの金融商品には、ｉＤｅＣｏでは投資できません。

ここで「元本確保の預金や保険もあるのか。それなら、リスクを取って運用しなくてもいいかな」と思う方は少なくないかもしれません。日本ではこれまで資産運用があまり身近なことではありませんでしたから、「ちょっとでも元本が減ってしまう可能性があるのは嫌だ、元本だけは絶対に守りたい」と感じるのは無理もないことだと思います。

実際、ｉＤｅＣｏに先行して普及・拡大してきた企業型確定拠出年金の現状を見ると、預貯金が全体の38・3％、保険が20・6％を占めており、約6割の資金が元本確保商品に置かれていることがわかります。

この結果、確定拠出年金でどれくらいの運用利回りを得られているのかというと、半数以上が2％以下の運用利回りしか上げられておらず、0～1％の運用利回りにとどまっている人が約45％を占めているのです。

私はこの現状には問題があると感じています。それは、今後インフレが起きたとき、老後資金が実質的に目減りしていくリスクが非常に大きいからです。

「元本割れがない＝安全」というイメージをお持ちの方は多いと思いますが、元本確保の預金や保険は、現在のマイナス金利環境下ではほとんど増えません。一方で、国と日銀は躍起《やっき》になってインフレを起こそうとしています。そしてインフレになれば、少なくとも運用利回りがインフレ率と同等でないと、資産の価値は目減りしていくことになるのです。

日銀は2013年からデフレ脱却を目指して「消費者物価の前年比上昇率2％」を掲《かか》げてきました。なかなか達成はできていないとはいえ、将来的には2％以上のインフレになる可能性を視野に入れる必要はあるでしょう。このことを考えると、「2％以下の運用利回り」がいかに心もとないかがおわかりいただけるのではないかと思い

【図3-4】公募ファンドと確定拠出年金向けファンドで 信託報酬に大きな開き

	信託報酬等平均（%、税込）
公募ファンド	1.53
確定拠出年金向けファンド	0.82

※2016年8月末時点
※公募ファンド＝国内籍公募追加型株式投信（確定拠出年金及びファンドラップ専用、ＥＴＦ等は除く）
※確定拠出年金向けファンド＝国内籍公募追加型株式投信（確定拠出年金専用）
※信託報酬等は監査報酬等含む

出所：モーニングスター作成

ます。

ある程度のリスクを取ってリターンを目指さなければインフレに負けてしまう可能性があることを考えれば、私はｉＤｅＣｏでは投信を活用して運用に取り組んでいくことが必要だと思います。

先にご説明したように、ｉＤｅＣｏは運用期間が十分に長く取れるため、長期分散投資によりリスクを抑えて安定的に運用することができます。

また、ｉＤｅＣｏ向けにラインナップされている投信は、一般に売買されている公募ファンドと比べて信託報酬が低いことにも注目すべきでしょう。公募ファンドの信託報酬は平均で1・53％ですが、確定拠出年金向けファンドでは信託報酬の平均は0・82％です【図3-4】。運用期間中にかかるコストが低いということは、その分だけ確実に運用成績にはプラスに働きます。

長期で資産形成を目指すなら、まずは「iDeCoに加入して投信で運用する」ことが最良の選択肢です。

もう一点だけ付け加えれば、「それでもiDeCoで預金や保険を選ぶ」という場合、金融機関が破綻《はたん》するリスクについても知っておく必要があるでしょう。

iDeCo加入期間は、加入する年齢によっては10年、20年、30年と続きます。これだけ長い月日の間には、今はまったく経営に問題がないと思われる金融機関でも、経営危機に陥る可能性がないとはいえないでしょう。

預金の預け先である銀行が破綻した場合、保護されるのは「1金融機関1預金者あたり元本1000万円までとその利息等」までで、これを超える分は支払われない可能性があります。たとえば一つの銀行に定期預金などの口座があり、iDeCo口座もあるという場合は、これらの口座をすべてあわせて保護される分がカウントされます。特にメインバンクや余剰《よじょう》資金などを置いているサブバンクでiDeCoに加入しようと考えている場合は注意が必要でしょう。

保険の場合、保険会社が破綻すると、保護されるのは責任準備金（将来の保険金や年金等の支払いに備えて積み立てられているお金）の９割までです。これは実際の保険金や年金が９割補償されるという意味ではなく、いざというときにどれくらい保護されるのかは予測できません。

この点、投信の場合はみなさんの資産は分別管理されているので、金融機関が破綻してもその影響で減額されることはありません。金融機関の破綻リスクを考えなくてよいというのも、ｉＤｅＣｏで投信を選ぶ理由になるでしょう。

仕組みと、口座開設から運用開始までの流れ

ｉＤｅＣｏのイメージがだいぶつかめたところで、詳しい仕組みも見てみましょう。【図３-５】（110〜111ページ）をご覧ください。

ｉＤｅＣｏでは、申し込みをして口座を開き、お金を運用して給付金を受け取るま

での間に複数の機関が関与します。

まず加入するには、「運営管理機関」となる金融機関を選び、そこに加入の申し込みをします。運用管理機関は、加入者向けに運用商品を選定したり情報を提供したりする役割を担うところで、具体的には銀行や証券会社、保険会社などとなります。

加入後は、運営管理機関に運用の指図、つまりどの商品にどれくらい掛け金を振り分けるか、どの商品を売ってどの商品を買うかといったオーダーをしながら運用を行なっていくことになります。

掛け金の払込先は、国民年金基金連合会です。国民年金基金連合会は、掛け金の収納管理のほか、加入者の資格審査や拠出限度額管理なども担《にな》っています。

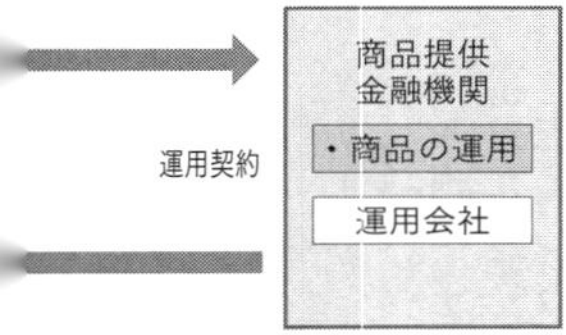

「事務委託先金融機関」となる信託銀行は、年金資産を管理するほか、投信の運用会社など、商品を提供する金融機関からの商品購入、給付金の支払いを担います。

給付を受ける際は、加入者は運営管理機関

【図3-5】iDeCoの仕組み

自分がどのタイプにあてはまるか見てみよう

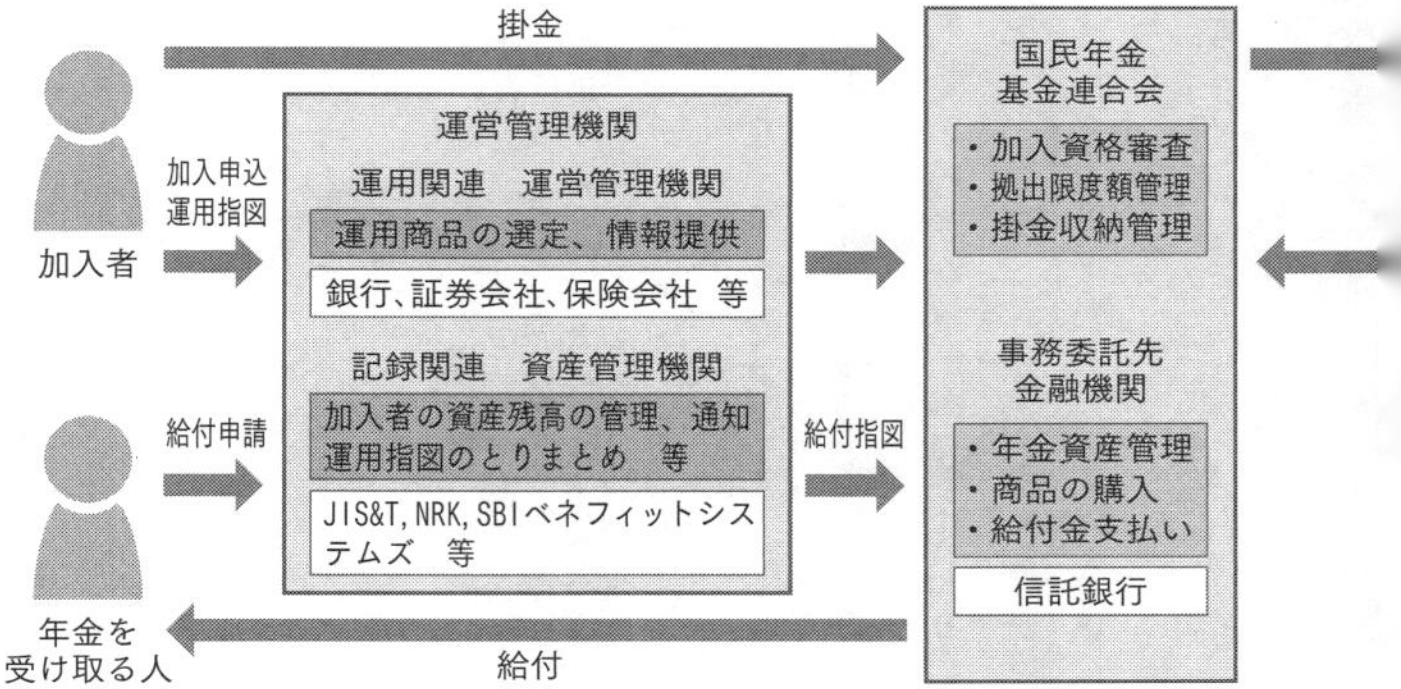

に対して給付の申請を行ない、国民年金基金連合会から給付を受けることになります。

さまざまな機関が登場しますが、加入者はこのうち運営管理機関について自由に選択することができます。

仕組み図を見てわかるように、基本的に加入者の窓口となるのは運営管理機関となる銀行や証券会社などの金融機関です。そしてここが大切なところなのですが、運営管理機関はどこでもよいというものではありません。金融機関によって、かかるコストや買える商品、受けられるサービスは大きく異なるからです。

運営管理機関は加入期間中に変更すること

もできますが、基本的には長く付き合っていくことになるはずのところですから、じっくり選ぶ必要があります。選び方や具体的にお勧めできる金融機関は、次章で詳しくご紹介していきます。

続いて、iDeCoの口座開設の流れを見ておきましょう。【図3-6】をご覧ください。

まず最初のステップは、運営管理機関となる金融機関の選定です。銀行や証券会社、保険会社などが運営管理機関になっていますが、商品数や商品ラインナップ、手数料、サービス内容等は異なりますから、候補となる金融機関についてはよく調べて選ぶことが大変重要です。

なお、銀行や証券会社がすべて運営管理機関になっているわけではなく、よく名前を知られている金融機関でもiDeCoの取り扱いがないところもあります。みなさんがすでに付き合いのある金融機関でiDeCo口座が作れるとは限らないということも頭に入れておきましょう。

金融機関が決まったら、ホームページまたはコールセンターを通じて申請書類など

【図3-6】iDeCo口座開設の流れ

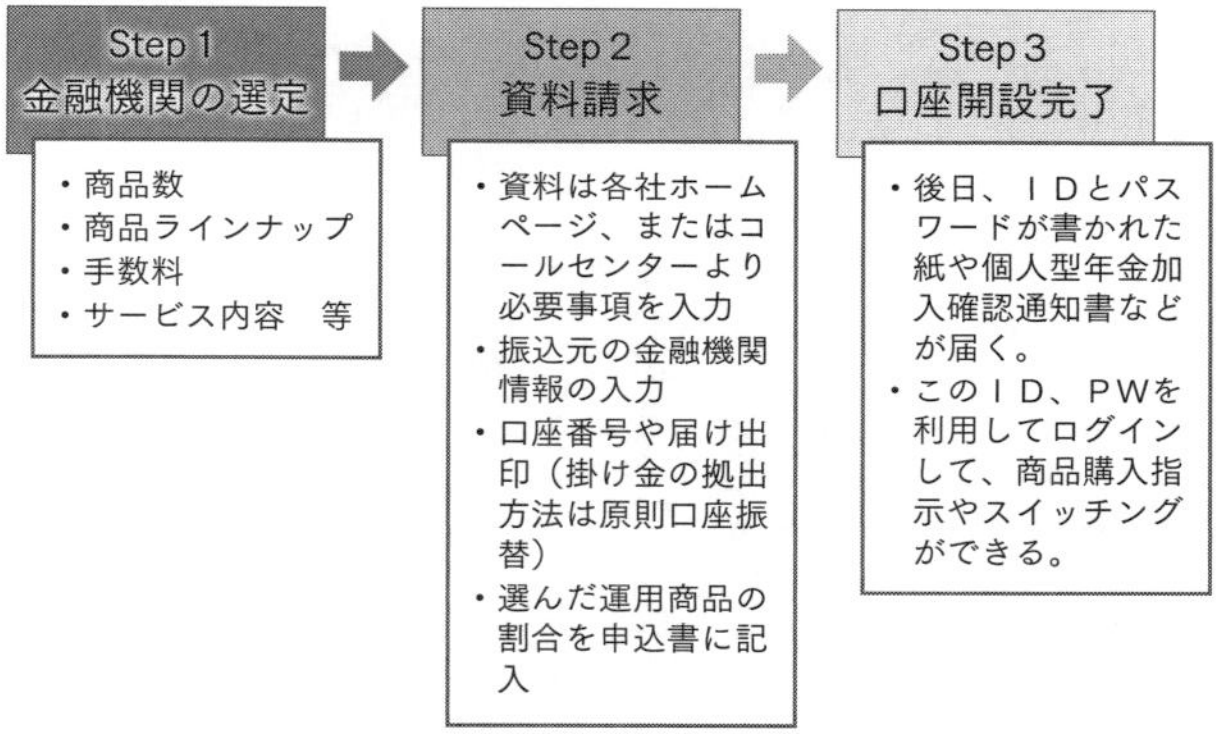
Step 1
金融機関の選定
・商品数
・商品ラインナップ
・手数料
・サービス内容　等
Step 2
資料請求
・資料は各社ホームページ、またはコールセンターより必要事項を入力
・振込元の金融機関情報の入力
・口座番号や届け出印（掛け金の拠出方法は原則口座振替）
・選んだ運用商品の割合を申込書に記入
Step 3
口座開設完了
・後日、ＩＤとパスワードが書かれた紙や個人型年金加入確認通知書などが届く。
・このＩＤ、ＰＷを利用してログインして、商品購入指示やスイッチングができる。

の資料を請求します。

もし金融機関を絞り込み切れず悩んだときは、まず複数の金融機関から資料を取り寄せてみてもいいでしょう。その際の対応のスピードなども、金融機関選びの参考になるかもしれません。

申請書類をそろえるには、掛け金を引き落とす口座の番号やその口座の届け出印、基礎年金番号などが必要です。記入を終えたら郵送で提出します。

申請が受理されれば、晴れてｉＤｅＣｏへの加入が完了し口座が開設されます。あとは届いたＩＤとパスワードを用いてサイトにログインし、商品購入などの指示を出せばＯＫ

です。

ｉＤｅＣｏのデメリットを知っておく

メリットが多く、積極的に利用したいｉＤｅＣｏですが、デメリットもあります。それは、原則として60歳まで引き出しができないことです。

先に見たように、ｉＤｅＣｏでは加入者が亡くなったときは「死亡一時金」として、加入者がケガや病気で障害状態となった場合などには「障害給付金」として、60歳になる前であっても受給できるケースがあります。しかし一般には、「老齢給付金」として加入者が60歳以降になって初めて受け取りが可能になります。

つまり、ｉＤｅＣｏで運用するお金は「60歳まで使わずに済む分」に限定する必要があるのです。

現役世代の方であれば、今後のライフプランの中で結婚資金や住宅取得費用、子どもの教育費などまとまったお金が必要になる場面があるでしょう。このほか、家族が大きな病気やケガをしたとき、親の介護が必要になったときなど「いざというとき」への備えとなる資金も手元に置いておく必要があるはずです。

こうした資金は、iDeCo口座とは別に貯蓄・運用していきましょう。

そこで考えなくてはならないのが、「口座の使い分け」です【図3-7】（117ページ）。

まず、国が後押しする資産形成のための制度には、iDeCoのほかに「NISA（ニーサ）」もあります。NISAは日本に住む20歳以上の方であれば誰でも利用できる制度です。金融機関でNISA口座を開設すると、年間投資額120万円までの枠《わく》内で投資でき、運用益が非課税となります。もちろん、無理に120万円の枠を使い切る必要はなく、「月3万円ずつ積み立てて年間36万円投資する」といった使い方もできます。

NISA口座を開設できるのは1人1金融機関で1口座まで。非課税期間は投資した年から最長5年間。現在のところ2023年までの時限措置となっていますが、今後、制度が恒久《こうきゅう》化される可能性もあります。

ＮＩＳＡでは、年間１２０万円という「枠」は、買った商品を売却すると再度使うことができません。このため、商品の入れ替えがしづらいといった難点もあります。将来的に制度が継続するのかどうか、行方《ゆくえ》が明確ではないことも懸念される点かもしれません。

しかし、ＮＩＳＡはｉＤｅＣｏと違っていつでも解約が可能なので、資金の使途《しと》をあまり問わずに利用できるのは大きなメリットといえます。また、ｉＤｅＣｏでは対象とならない株式も、ＮＩＳＡ口座なら投資することができます。

株式や投信などを使った資産運用は、もちろん通常の証券口座でも可能です。口座を開いた金融機関が扱う金融商品はすべて投資できますし、商品の入れ替えも自由、運用期間の制限もなし、投資上限額の縛《しば》りもなし、解約や受け取りもいつでも可能というように、運用の自由度は非常に高くなっています。

ただし、ｉＤｅＣｏやＮＩＳＡにあるような「運用益の非課税メリット」などは受けられません。運用益については、約20％が課税されます。

今後は資産をより効率的に、無駄なく「お得」な制度も活用しながら運用するとい

【図3-7】iDeCoとNISAの使い分け

	iDeCo	NISA	課税口座
運用可能商品	投信、元本確保商品	株、投信	金融機関が扱うすべての商品
商品の入れ替え	可能	できない（一度枠を使ったらその枠は消滅する）	可能
運用期間	20歳から60歳まで	５年	いつでも
投資上限額	企業年金あり・なし等で上限金額が異なる	120万円（年）（最高600万円）	なし
解約＆受け取り	60歳以降受け取り（一部例外あり）	いつでも	いつでも
口座管理諸手数料	かかる	かからない	かからない
運用商品	運営管理機関が扱っている商品のみ	ＮＩＳＡ口座を開設している金融機関の商品のみ	金融機関が扱うすべての商品
課税	・掛金に非課税枠あり ・何度売り買いしても運用益非課税 ・退職所得控除等あり	運用益非課税（損益通算不可）	普通に課税（損益通算あり）

う観点から、これらの口座と預貯金などの口座をうまく使い分け、「資産の置き場＝アセット・ロケーション」をよく考えていくことも求められます。

具体的な「資産の置き場」をどうするかは家計の事情によって変わってくると思いますが、ここでアセット・ロケーションを決めるための基本的な考え方をご紹介しておきましょう。

【図３‐８】（119ページ）をご覧ください。

まず、生活費やいざというとき

のために備えておく「緊急予備費」を取り分けます。これはいつでも引き出せる「流動性」が重要ですから、原則として預貯金に置いておくべきでしょう。

もちろん、緊急予備費を多めに用意してある場合、いつでも引き出せるようにしておくのはその一部で十分でしょう。残る「予備費」は、課税口座で運用に回しておくのも一つの方法だと思います。

次は、5～10年以内に使う予定が決まっている資金の置き場を考えます。ここで対象となるのは、住宅購入の頭金や子どもの入学金など、「いつ、どれくらい」かかるかがわかっているお金です。

5～10年あればリスクを抑えた長期投資が可能ですから、預貯金に置いておくよりも投信などでの運用に振り向けたほうがよいように思います。もちろん、あまり高いリスクを取った運用はできませんから、NISAを活用して債券を中心としたバランス運用に取り組むのがよいのではないでしょうか。NISAの枠が足りない場合は、課税口座を併《あわ》せて活用してもいいでしょう。

中期的に必要な分の「資金の置き場」を決めたら、10年以上の中長期でじっくり運

【図3-8】資金使途に応じたアセット・ロケーション

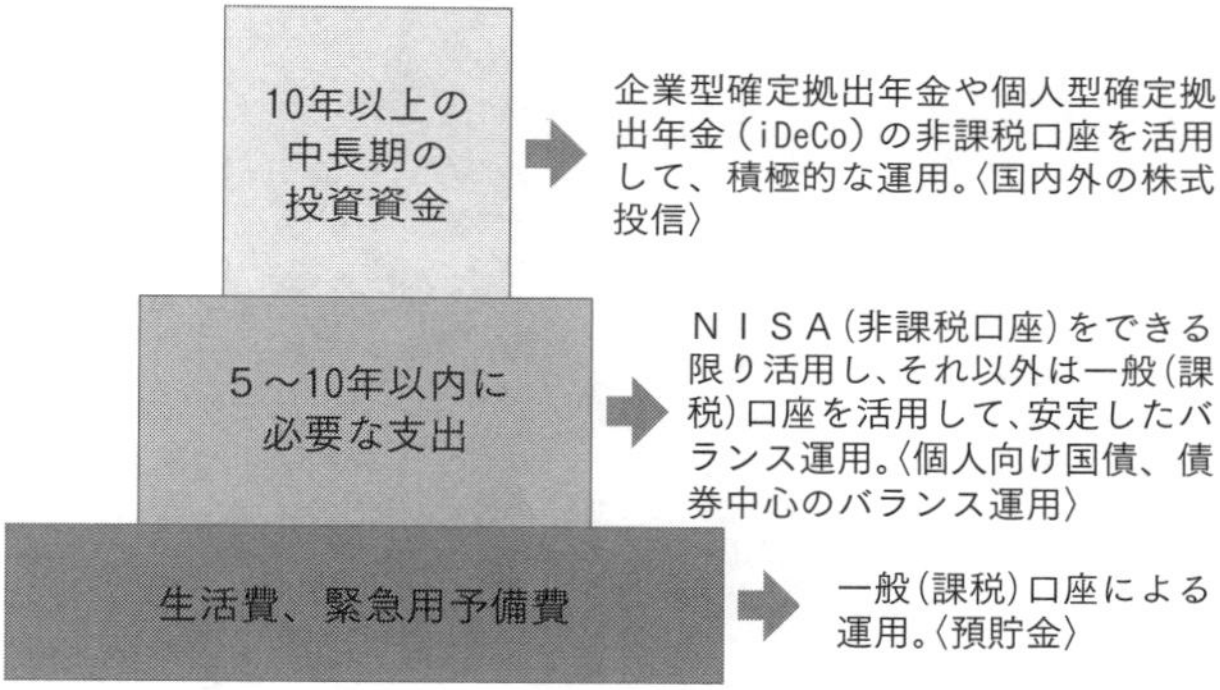
10年以上の
中長期の
投資資金
企業型確定拠出年金や個人型確定拠出年金（iDeCo）の非課税口座を活用して、積極的な運用。〈国内外の株式投信〉
5～10年以内に
必要な支出
ＮＩＳＡ（非課税口座）をできる限り活用し、それ以外は一般（課税）口座を活用して、安定したバランス運用。〈個人向け国債、債券中心のバランス運用〉
生活費、緊急用予備費
一般（課税）口座による運用。〈預貯金〉

用できる資金をどうするか考えましょう。老後資金として確保しておく資金は、60歳以降まで引き出せなくても構わないわけですから、ｉＤｅＣｏ口座で運用するのがベストです。60歳より前に使う可能性がある分については、ＮＩＳＡの枠があればそこで運用すればいいでしょう。

なお、運用期間が十分に長く取れますから、このときの運用は株式投信を中心に、少しリスク・リターンが高めでもよいのではないかと思います。

ｉＤｅＣｏはメリットの大きい制度ですが、あくまで「老後に向けて自分年金を作る」という目的のために用意された制度ですから、あらゆる面で万能というわけではありません。ここで見てきたように、運用の目的によっては、iDeCo以外の口座を活用したほうがよいケースもあります。

今後は、自分のニーズに合った適切な制度を選択して使い分けていくことも求められるのだということを知り、ここでご紹介した情報や考え方を参考にして、「アセット・ロケーション」についてもよく検討してみてください。

第４章

絶対に失敗しない「金融機関」の選び方

ｉＤｅＣｏで金融機関選びが重要な理由

前章で触れたように、ｉＤｅＣｏを始めるにはまず金融機関（運営管理機関）選びが最初の重要なステップになります。

ｉＤｅＣｏを取り扱う金融機関には、銀行、信託銀行、証券会社、保険会社、信用金庫、労働金庫などがあります。ただし複数の金融機関でｉＤｅＣｏの口座を開くことはできず、「1人あたり一つの金融機関のみ」です。

「それなら、とりあえずいつも付き合いのある身近な金融機関で口座を作れば安心だし、何かと便利そうだ」と考える方もいらっしゃるかもしれません。しかし、金融機関の中にはそもそもｉＤｅＣｏを取り扱っていないところもありますから、「いつものところ」でｉＤｅＣｏ口座が開けるとは限りません。また、ｉＤｅＣｏで商品を選んだり売買をしたりする際はインターネットなどで手続きできますから、「身近な金融機関でないと不便」ということはなく、「いつものところ」だという理由で金融機関を選ぶ必要はないでしょう。

　実際のところ、ｉＤｅＣｏ口座は「いつものところ」で開設すると手痛い失敗をする可能性もあります。というのも、金融機関によって口座の維持・管理などにかかるコストや、選べる商品の数やその中身、サービス内容などに大きな違いがあるからです。

　たとえば、ｉＤｅＣｏの口座を開くと毎月一定の手数料が必要になります。このうち運営管理機関に支払う口座管理手数料は金融機関によって差があります。一定条件のもとで０円になる金融機関もあれば、高めのところでは月額約５００円、年間でおよそ６０００円近くかかるところもあるのです。

　商品ラインナップについても、多いところは50本近い数をそろえていますが、中には10本前後と選択肢が限られている金融機関もあります。また、ラインナップしている商品が古かったり、信託報酬が高いものが多かったりする金融機関も見受けられます。

　口座の維持・管理にかかる手数料が高ければ、老後に向けた資産づくりには大きなデメリットになります。また、「組み入れたい資産の商品がそろっていない」「コストが高い投信ばかり」といった金融機関では、思うような運用ができないおそれもあるでしょう。

iDeCo口座を作る際は、老後に向けて長期的な付き合いになることを念頭に置いて金融機関を選ぶことが大切なのです。

なお、金融機関は加入期間中に途中で変更することも可能です。

ただし、いざ変更するとなれば、すでにiDeCo口座を開いている金融機関で保有している商品をいったんすべて売却しなければなりません。また、変更には1~2カ月ほどの時間がかかってしまいます。できるだけ、最初に加入するときに納得のいく金融機関を選びたいところです。

金融機関選びのポイント

では、iDeCo口座を開く金融機関選びの具体的なチェックポイントを見ていき

【図4-1】金融機関選びのポイント

①口座管理手数料
- 口座管理手数料は0円の金融機関から月あたり約500円の金融機関までさまざま

②商品の品揃え、ラインナップ
- 商品数は充実しているか
- 信託報酬の安い商品がラインナップに組み込まれているか

③サービス
- 投資情報や運用ツールなどのコンテンツの有無
- 窓口対応の有無
- ホームページでわかりやすい情報提供がされているか等

ましょう。大きくは「口座管理手数料」「商品の品揃《しなぞろ》え」「サービス」の3つです【図4-1】。

1つめのチェックポイントである「口座管理手数料」について理解を深めるために、まずiDeCoで必要となるコストの全体像を見てみましょう。【図4-2】（126～127ページ）をご覧ください。

新規でiDeCoに加入する際は、国民年金基金連合会に2777円を支払います。これは加入時に一度だけ払えばよい費用です。このほか、選択する金融機関によっては新規加入時に別途費用がかかるところもあります。

運用期間中にずっと支払い続けることになるコストには、金融機関を問わず共通のものとして、国民年金基金連合会に支払う「収納手数料」が月額103円（年1236円）、事務委託先の信託銀行に支払う「事務委託手数料」が月額64円程度（年768円）があります。つまり、どの金融機関を選んでも、必ず年間2004円のコストはかかるということです。

一方、金融機関により違いが生じるのが「口座管理手数料」。運営管理機関となる金融機関によって、無料のところもあれば月額500円程度かかるところもあります。これだけで、年間およそ6000円の差がつくわけです。

口座管理手数料	給付時
運営管理機関	事務委託先金融機関（信託銀行）
月額 無料～500円程度 （年額　無料～6,000円程度） （運営管理機関により異なる）	432円 （給付の都度）

月額合計	約167円～670円程度
年額合計	約2,004円～8,000円程度

なお、給付時には、給付の都度、事務委託先の信託銀行に432円を支払います。これは金融機関を問わず共通のコストです。

コストの全体像がわかると、手数料を節約できるのは口座管理手数料のところだということがおわかりいただけるでしょう。

2つめのチェックポイントである「商品の品揃え」に関しては、元本確保型商品は原則としてど

【図4-2】iDeCoの手数料

手数料の節約ができるのは口座管理手数料

	新規加入時（一度だけ）		運用期間中	
			収納手数料	事務委託手数料
支払先	国民年金基金連合会	運営管理機関	国民年金基金連合会	事務委託先金融機関（信託銀行）
値段	2,777円	一部の金融機関ではかかるところもある	月額 103円（年額1,236円）	月額 64円程度（年額768円）

※一部の金融機関では移管時手数料がかかるところもある

の金融機関でもラインナップされていますし、利率などで意味のある差はつきません。ですから、チェックすべきは変動型商品である投信の品揃えということになります。

ｉＤｅＣｏの投信ラインナップについては「多いほうが選択肢が広がるので良い」という考え方もあれば、「少ないほうが選びやすいので良い」という意見もあります。この点について、私は「商品数は多いほうが良い」という考えです。

確かに、投資経験のない方にとっては、ある程度まで商品数を絞り込んでもらったほうが楽に選べるという面はあるでしょう。

しかしｉＤｅＣｏでの運用期間は長期にわたりますから、運用を続けていく中で知識が深まり、

（単位：円）

国民年金基金手数料（月）	事務委託手数料（月）	運営管理機関手数料（月）	合計金額（年間）	商品数合計	申込の形態		
					電話申し込み	ウェブ申し込み	対面申し込み
103	64	※① 0	※2,004	11	○	○	×
103	64	255	3,060	10	○	○	×
103	64	313	5,760	16	○	○	○
103	64	※② 0	※2,004	33	○	○	○
103	65	324	5,904	21	○	×	×
103	64	370	6,444	19	○	×	×
103	64	329	5,952	18	○	×	×
103	64	0	2,004	33	○	○	×
103	64	270	5,244				
103	64	※③ 0	※2,004	19	○	○	×
103	64	※④ 0	※2,004				
103	64	※⑤ 0	※2,004				
103	64	324	5,892	27	○	○	○
103	64	205	4,464	40	○	○	○
103	64	0	2,004	62	○	○	×
103	64	※⑥ 0	※2,004				
103	64	0	2,004	28	○	○	×
103	64	※⑦ 0	※2,004	28	○	○	×
103	64	313	5,760	20	○	○	×
103	64	0	2,004	24	○	○	×
103	64	※⑧ 0	※2,004				
103	64	313	5,760	19	○	×	×
103	64	313	5,760	20	○	○	○
103	64	324	5,892	20	○	○	○
103	64	305	5,664	19	○	○	×

⑥ＳＢＩ証券：新規加入申し込みの場合、2017年3月分まで資産残高にかかわらず、運営管理機関手数料を無料。（324円から0円）（2016年9月23日～2017年3月31日、加入時の1080円の手数料も無料）

⑦楽天証券：新規加入申し込みの場合、2017年12月分まで資産残高にかかわらず、運営管理機関手数料を無料。（226円から0円）

⑧第一生命保険：2017年1月～2017年12月までに加入者および運用指図者になった人は2017年12月まで運営管理機関手数料を無料。（150万円未満が315円から0円）

【図4-3】運営管理機関比較表（加入者の場合）

項番	金融機関名	新規加入時手数料
銀行・信託銀行等	みずほ銀行	2,777
	三菱東京ＵＦＪ銀行（ライトコース）	2,777
	三井住友銀行	2,777
	りそな銀行	2,777
	三井住友信託銀行（ＤＣプランＮ）	2,777
	ゆうちょ銀行（ゆうちょＡプラン）	2,777
地銀	横浜銀行	2,777
	スルガ銀行（管理資産50万円以上）	2,777
	スルガ銀行（管理資産50万円未満）	2,777
証券会社	野村証券（管理資産200万円以上）	2,777
	野村証券（管理資産100万円以上200万円未満）	2,777
	野村証券（管理資産100万円未満）	2,777
	大和証券	2,777
	岡三証券	2,777
	ＳＢＩ証券（管理資産50万円以上）	2,777
	ＳＢＩ証券（管理資産50万円未満）	2,777
	楽天証券（管理資産10万円以上）	2,777
	楽天証券（管理資産10万円未満）	2,777
生損保	日本生命	2,777
	第一生命保険（管理資産150万円以上）	2,777
	第一生命保険（管理資産150万円未満）	2,777
	住友生命保険（スミセイ個人型プラン）	2,777
	東京海上日動火災保険	2,777
	損保ジャパン日本興亜ＤＣ証券	2,777
	三井住友海上火災保険	2,777

※税込表示
※2016年11月30日　現在（各社リリース情報含む）
①みずほ銀行：2016年11月～2017年4月に新規加入した人は、運営管理機関手数料を6カ月間無料。（293円から０円）
②りそな銀行：すべての加入者および運用指図者に対し、運営管理機関手数料が2017年1月より2年間無料。（316円から0円）
③④⑤野村証券：新たに新プランの申し込みをした加入者、運用指図者は2017年1月～2018年3月までの運営管理機関手数料を無料。（③203円から0円、④248円から0円、⑤283円から0円）

「もっといろいろな資産に投資したい」といったニーズが生まれることは十分に考えられます。そのようなときには、多様な選択肢があるほうが望ましいと思います。

投信のラインナップについては、商品数が充実しているかどうかに加えて、信託報酬が安い商品が入っているかどうかもチェックしたいところです。特に、iDeCoで活用することになるであろうインデックスファンドのコストは、よく確認しておきましょう。そもそもインデックスファンドはコストが低いことが特徴の一つなのですが、近年はより低コスト化が進んでいるため、古いインデックスファンドは今の水準に照らすとコストが高くなってしまっているものもあるからです。

3つめのチェックポイントである「サービス」に関しては、たとえば「資産運用に関する情報や運用のためのツールなどコンテンツが充実しているか」「ホームページでわかりやすい情報提供が行なわれているか」「ウェブ、電話、対面での対応状況」などが挙げられます。

ただしサービスについては、2017年1月の加入対象者拡大を見込み、今後てこ入れする金融機関も多いと思われます。まずは重要度の高い「口座管理手数料」と「商品の品揃え」を優先的にチェックし、サービスについては各社の最新の取り組みも見ながら判断の参考にするという程度でも十分でしょう。

【図4-3】（128～129ページ）は、主な金融機関の手数料や商品数、申し込みの形態などを一覧にまとめたものです。こうして並べてみると、コストや商品の品揃えには大きな差があることがより具体的にわかるでしょう。

たとえば、楽天証券では「管理資産10万円以上」、スルガ銀行とSBI証券では「管理資産50万円以上」という条件を満たすと、口座管理手数料が無料になり、運用期間中にかかるコストは年間2004円と最小限で済みます。

選ぶべき金融機関、有力候補はここだ

3つのチェックポイントをふまえると、具体的にどの金融機関が有力候補になるのでしょうか。

【図4-4】iDeCo サイトランキング

順位	総合得点	金融機関
1	8.73	ＳＢＩ証券
2	8.58	楽天証券
3	8.46	りそな銀行
4	8.44	スルガ銀行
5	8.43	大和証券
6	8.16	三井住友海上火災保険
7	8.15	三菱東京ＵＦＪ銀行
8	8.08	みずほ銀行
9	7.96	岡三証券
10	7.91	損保ジャパン日本興亜ＤＣ証券
11	7.86	東京海上日動火災保険
12	7.76	野村證券
13	7.75	三井住友銀行
14	7.58	住友生命保険
15	7.50	第一生命保険

（2016年11月30日現在）

参考にしていただける情報の一つが、モーニングスターのコンサルティング部門でインターネットサービスの分析・評価などを手掛けるゴメスによる「ｉＤｅＣｏ（個人型確定拠出年金）サイトランキング」です。

このランキングは、２０１６年11月30日時点の情報に基づき、口座管理手数料や投資信託にかかる費用などのお得さ、取り扱っている運用商品の豊富さ、ウェブサイトの使いやすさやサービス情報の充実度などを総合的に評価したものです。評価の対象となっているのは、国内の金融機関のうち「ウェブサイトを通じてｉＤｅＣｏの詳細な情報提供を行なっている」「サービスを全国展開している（ネット専業も含む）」「取扱商品数が15本以上」などの条件を満たすところとなっています。

そして「総費用（運営管理機関に支払う手数料や投資信託の信託報酬など）」「情報量と取扱商品の充実度（iDeCoに関する情報、シミュレーション機能などのコンテンツ、取扱商品数や商品情報の詳細な掲載度合い）」「サイトの使いやすさ（ユーザーがウェブサイトで効率的に迷いなく情報収集できるか）」といった項目で評価したところ、上位15社は【図4－4】のとおりとなりました。

では、ランキングの上位4社について、順に詳しく見ていきましょう。なお、これらの商品ラインナップのデータは2016年11月30日時点のものです。

総合1位・SBI証券

総合1位は、ネット専業証券のSBI証券です。口座管理手数料が管理資産50万円以上で無料となるため、口座の維持・管理コストを抑えることが可能です。

商品数は元本確保型が3本、投信が59本、あわせて62本【図4－5】（142～145ページ）。これは他の金融機関の追随を許さない充実ぶりと言っていいでしょう。インデックスファンドについては、たとえば国内株式は「三井住友・DC日本株式インデックスファンドS」（三井住友アセットマネジメント、信託報酬0・21％）、先進国株式は「DCニッセイ外国株式インデックス」（ニッセイアセットマネジメント、信託報酬0・23％）、新興国株式は「EXE－i新興国株式ファンド」（SBIアセットマネジメント、信託報酬0・39％）、先進国債券は「三井住友・DC外国債券インデックスファンド」（三井住友アセットマネジメント、信託報酬0・23％）、新興国債券は「三菱UFJ DC新興国債券インデックスファンド」（三菱UFJ国際投信、信託報酬0・56％）というように、主要資産の商品が低コストでそろっています。

このほか、商品数が多いだけあって、新興国の中でもより成長余力が見込めるフロンティア市場に投資する「ハーベスト アジア フロンティア株式ファンド」や、世界の中小型株に投資する「EXE－iグローバル中小型株式ファンド」（いずれもSBIアセットマネジメント）など、より幅広い分散投資を可能にするユニークな商品も散見されるのが特徴といえるでしょう。

サイトの運用商品のページでは、ファンド分類、投資地域、信託報酬、トータルリターンなど数多くの検索軸が用意されており、個別のファンド詳細画面の情報も充実しています。

総合2位・楽天証券

総合2位もネット専業証券で、楽天証券がランクインしました。口座管理手数料が管理資産10万円以上で無料となりますから、口座の維持・管理コストをより抑えやすいのが注目ポイントでしょう。

商品数は元本確保型が1本、投信が27本、あわせて28本【図4-6】(146〜147ページ)。インデックスファンドは、国内株式は「三井住友・DC日本株式インデックスファンドS」(三井住友アセットマネジメント、信託報酬0・21%)、先進国株式は「たわらノーロード　先進国株式」(アセットマネジメントOne、信託報酬0・24%)、新興国株式は「インデックスファンド海外新興国(エマージング)株式」(日興アセットマネジメント、信託報酬0・59％）、先進国債券は「たわらノーロード　先進国債券」（アセットマネジメントOne、信託報酬0・22％）、新興国債券は「インデックスファンド海外新興国（エマージング）債券（1年決算型）」（日興アセットマネジメント、信託報酬0・56％）と、やはり主要資産の低コスト商品をそろえています。ほかの商品についても、全般に信託報酬を抑えた商品選定がなされていることが見て取れるでしょう。

サイトには確定拠出年金の特設ページを設けており、情報提供にも力を入れています。長期積立のメリットを紹介するなど、投資初心者向けの情報が充実しているのも特徴といえそうです。

総合3位・りそな銀行

総合3位は、りそな銀行です。口座管理手数料は月額316円、年間3792円で平均的な水準といえるでしょう。

商品数は元本確保型が２本、投信が31本、あわせて33本です【図４‐７】（148〜149ページ）。銀行の中では信託報酬を抑えた商品選定がなされているのが特徴で、インデックスファンドは、国内株式は「りそなＤＣ信託のチカラ　日本の株式インデックスファンド」（りそな銀行、信託報酬０・19％）、先進国株式は「ＤＣダイワ外国株式インデックス」（大和投資信託、信託報酬０・27％）、新興国株式は「野村新興国株式インデックスファンド（確定拠出年金向け）」（野村アセットマネジメント、信託報酬０・60％）、先進国債券は「ＤＣダイワ外国債券インデックス」（大和投資信託、信託報酬０・25％）、新興国債券は「ＤＣダイワ新興国債券インデックスファンド」（大和投資信託、信託報酬０・56％）など、やはり主要資産については低コスト商品をしっかりそろえています。

同行はサイトの情報がわかりやすいのも特徴です。グラフや数字を大きく表示し、ポイントをうまく表現しています。

総合4位・スルガ銀行

総合4位には、地銀からスルガ銀行が入りました。同行も口座管理手数料が管理資産50万円以上で無料になるので、口座の維持・管理コストを抑えることが可能です。

商品数は元本確保型が3本、投信が30本、あわせて33本です【図4-8】(150〜151ページ)。インデックスファンドは、国内株式は「トピックス・インデックス・オープン(確定拠出年金向け)」(野村アセットマネジメント、信託報酬0・62%)、先進国株式は「インベスコMSCIコクサイ・インデックス・ファンド」(インベスコ・アセット・マネジメント、信託報酬0・76%)、新興国株式は「インデックスファンド海外新興国(エマージング)株式」(日興アセットマネジメント、信託報酬0・59%)、先進国債券は「ダイワ投信倶楽部 外国債券インデックス」(大和投資信託、信託報酬0・70%)、新興国債券は「インデックスファンド海外新興国(エマージング)債券(1年決算型)」(日興アセットマネジメント、信託報酬0・56%)などをそろえており、コストはＳＢＩ証券や楽天証券より高めといえますが、主要資産をカバーできるラインナップとなっています。

ウェブサイトの情報量はさほど多くありませんが、わかりやすいQ&Aなど利用者をサポートするコンテンツをそろえています。


以下5～15位の金融機関については、本書の巻末に資料として商品ラインナップを掲載しています。ほかの金融機関がどんな商品をそろえているのか、その信託報酬はどれくらいなのか等を比較しながら見てみると、金融機関選びの参考になるでしょう。

なお、今回ご紹介したゴメスのランキングは、あくまで調査時点のものです。

ｉＤｅＣｏは注目度が高まっている制度ですから、これから参入する金融機関もあるかもしれませんし、既存のｉＤｅＣｏ取り扱い金融機関で商品の拡充や手数料の変更などが行なわれる可能性もあります。ですから、みなさんが金融機関を選ぶ際は、ぜひ最新の情報を確認することをお勧めします。

モーニングスターのウェブサイトにはｉＤｅＣｏ専用ページ（http://www.morningstar.co.jp/ideco/index.html）があり**【図４－９】**（152ページ）、その中の「金融機関比較ガイド」では、ｉＤｅＣｏを取り扱っている金融機関の一覧を確認できます。「手数料で検索」のコーナーでは「運営管理機関手数料」や「手数料合計（年額）」などで金融機関を並べ替えられるほか、「商品で検索」コーナーでは「商品数合計」「投資信託等合計」や「国内株式」などの投信の種類でも金融機関名を並べ替えることが可能です。また「資料請求・申込」コーナーには各金融機関の問い合わせ先が掲載してあるほか、各社のｉＤｅＣｏのページへもリンクが張られています。

これから金融機関選びに取り掛かるというときには、モーニングスターのサイトを活用し、最新情報をしっかりチェックしてください。

合計商品数　62本

	運用会社	信託報酬（税込）（％）
	住友生命保険	－
	スルガ銀行	－
	第一生命保険	－
	三井住友トラスト・アセットマネジメント	1.53
イリバイブ〈ＤＣ年金〉	ＳＢＩアセットマネジメント	1.62
	フィデリティ投信	1.65
	三井住友アセットマネジメント	1.40
	レオス・キャピタルワークス	0.82
	ポートフォリオ	1.67
	アセットマネジメントＯｎｅ	0.70
ァンド〈ＤＣ年金〉	ＳＢＩアセットマネジメント	0.26
ァンドＳ	三井住友アセットマネジメント	0.21
	朝日ライフアセットマネジメント	0.54
	アセットマネジメントＯｎｅ	0.86
	ニッセイアセットマネジメント	0.27
ドＡ	ニッセイアセットマネジメント	0.21
	野村アセットマネジメント	0.27
用）	キャピタル・インターナショナル	1.53
ァンド（ＤＣ向け）	ラッセル・インベストメント	1.46
	三井住友トラスト・アセットマネジメント	0.86
	ニッセイアセットマネジメント	0.23
り（ＤＣ専用）	日興アセットマネジメント	0.30
ド	ＳＢＩアセットマネジメント	0.36
	ＳＢＩアセットマネジメント	0.32
	大和投資信託	0.24
	シュローダー・インベストメント・マネジメント	2.03
ファンド	ＳＢＩアセットマネジメント	2.10
スファンド	三菱ＵＦＪ国際投信	0.59
	ＳＢＩアセットマネジメント	0.39
け）	野村アセットマネジメント	0.59
ド（確定拠出年金）	三菱ＵＦＪ国際投信	0.13

（2016年11月30日現在）

【図4-5】SBI証券 ①

商品区分	本数	運用スタイル	商品名
元本確保型	3本	-	スミセイの積立年金保険（５年）
			スルガ確定拠出年金スーパー定期１年
			第一のつみたて年金保険（５年）
国内株式	14本	アクティブ	ＤＣグッドカンパニー（社会的責任投資）
			ＳＢＩ中小型割安成長株ファンド　ジェ
			フィデリティ・日本成長株・ファンド
			三井住友・バリュー株式年金ファンド
			ひふみ年金
			みのりの投信（確定拠出年金専用）
		パッシブ	ＭＨＡＭ　ＴＯＰＩＸオープン
			ＳＢＩ　ＴＯＰＩＸ100・インデックスフ
			三井住友・ＤＣ日本株式インデックスフ
			朝日ライフ　日経平均ファンド
			日経２２５ノーロードオープン
			ニッセイ日経225インデックスファンド
			ＤＣニッセイ日経225インデックスファン
			野村ＤＣ・ＪＰＸ日経400ファンド
先進国株式	8本	アクティブ	キャピタル世界株式ファンド（ＤＣ年金
			ラッセル・インベストメント外国株式フ
			ＤＣ外国株式インデックスファンド
			ＤＣニッセイ外国株式インデックス
		パッシブ	インデックスファンド海外株式ヘッジあ
			ＥＸＥ－ｉグローバル中小型株式ファン
			ＥＸＥ－ｉ先進国株式ファンド
			ｉＦｒｅｅＮＹダウ・インデックス
新興国株式	4本	アクティブ	シュローダーＢＲＩＣｓ株式ファンド
			ハーベスト　アジア　フロンティア株式
		パッシブ	三菱ＵＦＪ　ＤＣ新興国株式インデック
			ＥＸＥ－ｉ新興国株式ファンド
国内債券	2本	アクティブ	野村日本債券ファンド（確定拠出年金向
		パッシブ	三菱ＵＦＪ国内債券インデックスファン

	運用会社	信託報酬（税込）（%）
年金）	三菱ＵＦＪ国際投信	1.35
ンカム・ファンド	ＳＢＩボンドインベストメント	0.57
	ＳＢＩアセットマネジメント	0.42
り（ＤＣ専用）	日興アセットマネジメント	0.28
定拠出年金向け）	野村アセットマネジメント	0.59
ァンド	三井住友アセットマネジメント	0.23
スファンド	三菱ＵＦＪ国際投信	0.56
ランス（債券重視型）	ニッセイアセットマネジメント	1.19
スト10）	野村アセットマネジメント	1.30
	日興アセットマネジメント	0.18
	日興アセットマネジメント	0.19
	日興アセットマネジメント	0.21
	日興アセットマネジメント	0.22
〈愛称：スゴ６〉	三井住友トラスト・アセット	0.73
ルキーパー）	三菱ＵＦＪ国際投信	0.54
ィフェンダー）	三菱ＵＦＪ国際投信	0.54
ドフィルダー）	三菱ＵＦＪ国際投信	0.54
ワード）	三菱ＵＦＪ国際投信	0.54
ライカー）	三菱ＵＦＪ国際投信	0.54
	ＳＢＩアセットマネジメント	0.68
	ＳＢＩアセットマネジメント	0.69
	ＳＢＩアセットマネジメント	0.69
	ＳＢＩアセットマネジメント	0.67
ド	大和投資信託	1.91
ンゴールド）	三菱ＵＦＪ国際投信	0.97
ンド〈ＤＣ年金〉	アセットマネジメントＯｎｅ	1.08
ファンド	ニッセイアセットマネジメント	0.59
ファンドＡ	ニッセイアセットマネジメント	0.27
	ＳＢＩアセットマネジメント	0.36
（確定拠出年金向け）	野村アセットマネジメント	0.57
ファンド	三井住友アセットマネジメント	0.30

（2016年11月30日現在）

SBI証券 ②

商品区分	本数	運用スタイル	商品名
先進国債券	6本	アクティブ	グローバル・ソブリン・オープン（ＤＣ
			ＳＢＩ－ＰＩＭＣＯジャパン・ベターイ
		パッシブ	ＥＸＥ－ｉ先進国債券ファンド
			インデックスファンド海外債券ヘッジあ
			野村外国債券インデックスファンド（確
			三井住友・ＤＣ外国債券インデックスフ
新興国債券	1本	パッシブ	三菱ＵＦＪ　ＤＣ新興国債券インデック
バランス型	12本	アクティブ	ＤＣニッセイ／パトナム・グローバルバ〈愛称：ゆめ計画30（確定拠出年金）〉
		パッシブ	野村ＤＣ運用戦略ファンド（愛称：ネク
			ＤＣインデックスバランス（株式20）
			ＤＣインデックスバランス（株式40）
			ＤＣインデックスバランス（株式60）
			ＤＣインデックスバランス（株式80）
			ＳＢＩ資産設計オープン（資産成長型）
			ｅＭＡＸＩＳ最適化バランス（マイゴー
			ｅＭＡＸＩＳ　最適化バランス（マイデ
			ｅＭＡＸＩＳ最適化バランス（マイミッ
			ｅＭＡＸＩＳ最適化バランス（マイフォ
			ｅＭＡＸＩＳ最適化バランス（マイスト
ターゲットイヤー	4本	パッシブ	セレブライフ・ストーリー2025
			セレブライフ・ストーリー2035
			セレブライフ・ストーリー2045
			セレブライフ・ストーリー2055
コモディティ	1本	パッシブ	ダイワ／ＲＩＣＩコモディティ・ファン
金	1本	パッシブ	三菱ＵＦＪ純金ファンド（愛称：ファイ
国内ＲＥＩＴ	3本	アクティブ	ＭＨＡＭ　Ｊ－ＲＥＩＴアクティブファ
		パッシブ	ＤＣニッセイＪ－ＲＥＩＴインデックス
			ＤＣニッセイＪ－ＲＥＩＴインデックス
海外ＲＥＩＴ	3本	パッシブ	ＥＸＥ－ｉグローバルＲＥＩＴファンド
			野村世界ＲＥＩＴインデックスファンド
			三井住友・ＤＣ外国リートインデックス

合計商品数　28本

	運用会社	信託報酬（税込）（%）
	みずほ銀行	-
	ピクテ投信投資顧問	0.96
	アセットマネジメントＯｎｅ	1.67
	フィデリティ投信	1.65
ァンドＳ	三井住友アセットマネジメント	0.21
	アセットマネジメントＯｎｅ	0.21
ァンド（ＤＣ向け）	ラッセル・インベストメント	1.46
	ピクテ投信投資顧問	0.96
	セゾン投信	1.55
	アセットマネジメントＯｎｅ	0.24
ージング）株式	日興アセットマネジメント	0.59
ＤＣしあわせ宣言）	明治安田アセットマネジメント	0.65
	アセットマネジメントＯｎｅ	0.16
年金〉	アセットマネジメントＯｎｅ	1.51
	アセットマネジメントＯｎｅ	0.22
ッジあり）	アセットマネジメントＯｎｅ	0.22
ージング）債券（１年決算型）	日興アセットマネジメント	0.56
スファンド	セゾン投信	0.72
（動的配分型）	三井住友アセットマネジメント	1.29
ョン（ＫＡＫＵＳＨＩＮ）	三菱ＵＦＪ国際投信	0.65
	アセットマネジメントＯｎｅ	1.19
	楽天投信投資顧問	0.92
	楽天投信投資顧問	0.93
	楽天投信投資顧問	0.93
金向け）	野村アセットマネジメント	1.03
ンド	三井住友アセットマネジメント	0.28
ファンド	三井住友アセットマネジメント	0.30
ド（為替ヘッジあり）	ステート・ストリート	0.89

（2016年11月30日現在）

【図4-6】楽天証券

商品区分	本数	運用スタイル	商品名
元本確保型	1本	-	みずほＤＣ定期預金（１年）
国内株式	5本	アクティブ	ｉＴｒｕｓｔ日本株式
			ＭＨＡＭ日本成長株ファンド〈ＤＣ年金〉
			フィデリティ・日本成長株・ファンド
		パッシブ	三井住友・ＤＣ日本株式インデックスフ
			たわらノーロード　日経225
先進国株式	4本	アクティブ	ラッセル・インベストメント外国株式フ
			ｉＴｒｕｓｔ世界株式
			セゾン資産形成の達人ファンド
		パッシブ	たわらノーロード　先進国株式
新興国株式	1本	パッシブ	インデックスファンド海外新興国（エマ
国内債券	2本	アクティブ	明治安田ＤＣ日本債券オープン（愛称：
		パッシブ	たわらノーロード　国内債券
先進国債券	3本	アクティブ	みずほＵＳハイイールドファンド〈ＤＣ
		パッシブ	たわらノーロード　先進国債券
			たわらノーロード　先進国債券（為替ヘ
新興国債券	1本	パッシブ	インデックスファンド海外新興国（エマ
バランス型	4本	アクティブ	セゾン・バンガード・グローバルバラン
			三井住友・ＤＣ世界バランスファンド
			三菱ＵＦＪ　ＤＣバランス・イノベーシ
			ＤＩＡＭ投資のソムリエ〈ＤＣ年金〉
ターゲットイヤー	3本	アクティブ	楽天ターゲットイヤー2030
			楽天ターゲットイヤー2040
			楽天ターゲットイヤー2050
国内ＲＥＩＴ	2本	アクティブ	野村Ｊ－ＲＥＩＴファンド（確定拠出年
		パッシブ	三井住友・ＤＣリートインデックスファ
海外ＲＥＩＴ	1本	パッシブ	三井住友・ＤＣ外国リートインデックス
金	1本	アクティブ	ステート・ストリート・ゴールドファン

合計商品数　33本

	運用会社	信託報酬（税込）（%）
ト401ｋ」	埼玉りそな銀行	－
1ｋ」	りそな銀行	－
（愛称：ＤＣ底力）	大和投資信託	1.64
	シュローダー・インベストメント・マネジメント	1.60
ァンド（ＤＣ向け）	ラッセル・インベストメント	1.67
（プラス）	りそな銀行	0.97
（確定拠出年金向け）	野村アセットマネジメント	0.62
ンデックスファンド	りそな銀行	0.19
	フィデリティ投信	1.87
ァンド（ＤＣ向け）	ラッセル・インベストメント	1.46
	大和投資信託	0.27
（確定拠出年金向け）	野村アセットマネジメント	0.60
	大和投資信託	0.43
	シュローダー・インベストメント・マネジメント	0.64
ス	大和投資信託	0.49
ンデックスファンド	りそな銀行	0.16
ヘッジなし）	アバディーン投信投資顧問	1.35
	大和投資信託	0.25
ンド	大和投資信託	0.56
ァンド（ＤＣ攻守のチカラ）	大和投資信託	1.08
羽／６分散コース）	大和投資信託	1.13
	大和投資信託	0.19
	大和投資信託	0.22
	大和投資信託	0.24
ヤー2030年	りそな銀行	0.45
ヤー2040年	りそな銀行	0.45
ヤー2050年	りそな銀行	0.45
ルデン・ゲート」	プルデンシャル・インベストメント	0.84
ルデン・ゲート」	プルデンシャル・インベストメント	0.84
ルデン・ゲート」	プルデンシャル・インベストメント	0.84
ルデン・ゲート」	プルデンシャル・インベストメント	0.84
金向け）	野村アセットマネジメント	1.03
（確定拠出年金向け）	野村アセットマネジメント	0.57

（2016年11月30日現在）

【図4-7】りそな銀行

商品区分	本数	運用スタイル	商品名
元本確保型	2本	－	埼玉りそな据置定期預金「フリーポケッ
			りそな据置定期預金「フリーポケット40
国内株式	6本	アクティブ	ＤＣ・ダイワ・バリュー株・オープン
			シュローダー年金運用ファンド日本株式
			ラッセル・インベストメント日本株式フ
			りそなＤＣ信託のチカラ　国内株式＋
		パッシブ	トピックス・インデックス・オープン
			りそなＤＣ信託のチカラ　日本の株式イ
先進国株式	3本	アクティブ	フィデリティ・グローバル・ファンド
			ラッセル・インベストメント外国株式フ
		パッシブ	ＤＣダイワ外国株式インデックス
新興国株式	1本	パッシブ	野村新興国株式インデックスファンド
国内債券	4本	アクティブ	ＤＣダイワ物価連動国債ファンド
			シュローダー年金運用ファンド日本債券
		パッシブ	ダイワ投信倶楽部　日本債券インデック
			りそなＤＣ信託のチカラ　日本の債券イ
先進国債券	2本	アクティブ	海外高格付け債ファンドＢコース（為替
		パッシブ	ＤＣダイワ外国債券インデックス
新興国債券	1本	パッシブ	ＤＣダイワ新興国債券インデックスファ
バランス型	8本	アクティブ	ＤＣダイナミック・アロケーション・フ
			ＤＣダイワ・ワールドアセット（六つの
		パッシブ	ダイワ・ライフ・バランス30
			ダイワ・ライフ・バランス50
			ダイワ・ライフ・バランス70
			りそなＤＣ信託のチカラ　ターゲットイ
			りそなＤＣ信託のチカラ　ターゲットイ
			りそなＤＣ信託のチカラ　ターゲットイ
ターゲットイヤー	4本	パッシブ	ＰＲＵグッドライフ2020（年金）「ゴー
			ＰＲＵグッドライフ2030（年金）「ゴー
			ＰＲＵグッドライフ2040（年金）「ゴー
			ＰＲＵグッドライフ2050（年金）「ゴー
国内ＲＥＩＴ	1本	アクティブ	野村Ｊ－ＲＥＩＴファンド（確定拠出年
海外ＲＥＩＴ	1本	パッシブ	野村世界ＲＥＩＴインデックスファンド

合計商品数　33本

	運用会社	信託報酬（税込）（%）
	スルガ銀行	－
	スルガ銀行	－
	スルガ銀行	－
ァンド（ＤＣ向け）	ラッセル・インベストメント	1.67
	フィデリティ投信	1.65
（愛称：ＤＣ底力）	大和投資信託	1.64
	ニッセイアセットマネジメント	1.08
（確定拠出年金向け）	野村アセットマネジメント	0.62
5	大和投資信託	0.56
ァンド（ＤＣ向け）	ラッセル・インベストメント	1.46
ープン	朝日ライフアセットマネジメント	1.94
クス・ファンド	インベスコ・アセット・マネジメント	0.76
	ＪＰモルガン・アセット	2.05
	大和投資信託	1.64
	ＪＰモルガン・アセット	1.94
ージング）株式	日興アセットマネジメント	0.59
	シュローダー・インベストメント・マネジメント	0.64
算型）	日興アセットマネジメント	0.49
	三菱ＵＦＪ国際投信	1.35
	ニッセイアセットマネジメント	1.62
ープン	ニッセイアセットマネジメント	1.24
ス	大和投資信託	0.70
ング）債券（1年決算型）	日興アセットマネジメント	0.56
け）	野村アセットマネジメント	※1.15±0.10
け）	野村アセットマネジメント	※1.20±0.15
け）	野村アセットマネジメント	※1.30±0.15
・安定	日興アセットマネジメント	1.10
・安定成長	日興アセットマネジメント	1.30
・成長	日興アセットマネジメント	1.40
・積極成長	日興アセットマネジメント	1.57
・積極	日興アセットマネジメント	1.67
金向け）	野村アセットマネジメント	1.03
ックスファンド	大和投資信託	0.57

（2016年11月30日現在）

【図4-8】スルガ銀行

商品区分	本数	運用スタイル	商品名
元本確保型	3本	-	スルガ確定拠出年金スーパー定期（１年）
			スルガ確定拠出年金スーパー定期（３年）
			スルガ確定拠出年金スーパー定期（５年）
国内株式	6本	アクティブ	ラッセル・インベストメント日本株式フ
			フィデリティ・日本成長株・ファンド
			ＤＣ・ダイワ・バリュー株・オープン
			ＤＣニッセイ日本勝ち組ファンド
		パッシブ	トピックス・インデックス・オープン
			ＤＣ・ダイワ・ストックインデックス22
先進国株式	3本	アクティブ	ラッセル・インベストメント外国株式フ
			朝日Ｎｖｅｓｔグローバルバリュー株オ
		パッシブ	インベスコＭＳＣＩコクサイ・インデッ
新興国株式	4本	アクティブ	ＪＰＭ・ＢＲＩＣＳ５・ファンド
			ダイワ・チャイナ・ファンド
			ＪＰＭインド株アクティブ・オープン
		パッシブ	インデックスファンド海外新興国（エマ
国内債券	2本	アクティブ	シュローダー年金運用ファンド日本債券
		パッシブ	インデックスファンド日本債券（１年決
先進国債券	4本	アクティブ	グローバル・ソブリン・オープン
			ニッセイ／パトナム・インカムオープン
			ニッセイ／パトナム・ユーロインカムオ
		パッシブ	ダイワ投信倶楽部　外国債券インデック
新興国債券	1本	パッシブ	インデックスファンド海外新興国（エマージ
バランス型	8本	アクティブ	マイストーリー・株25（確定拠出年金向
			マイストーリー・株50（確定拠出年金向
			マイストーリー・株75（確定拠出年金向
			年金積立グローバル・ラップ・バランス
			年金積立グローバル・ラップ・バランス
			年金積立グローバル・ラップ・バランス
			年金積立グローバル・ラップ・バランス
			年金積立グローバル・ラップ・バランス
国内ＲＥＩＴ	1本	アクティブ	野村Ｊ－ＲＥＩＴファンド（確定拠出年
海外ＲＥＩＴ	1本	パッシブ	ＤＣダイワ・グローバルＲＥＩＴインデ

【図4-9】モーニングスター・iDeCo専用ページ

〈トップページ〉

〈金融機関並び替え〉

金融機関比較ガイド

個人型確定拠出年金取扱機関
かんたん比較＆検索！

手数料比較　商品内容検索　問い合わせ先

No.	金融機関名	月額手数料の内訳 国民年金基金連合会	事務委託手数料	運営管理機関手数料	手数料合計（月額）	手数料合計（年額）
1	SBI証券（50万円以上）	103	64	0	167	2,004
1	SBI証券（50万円未満）※	103	64	0	167	2,004
1	スルガ銀行（50万円以上）	103	64	0	167	2,004
1	みずほ銀行（2017年1月～）※	103	64	0	167	2,004

手数料比較　商品内容検索　問い合わせ先

金融機関名	商品数合計	元本確保型	投資信託等合計	投資信託等 国内株式	先進国株式	新興国株式	国内債券	先進国債券	新興国債券	バランス	ターゲットイヤー	REIT	金コモディティ
SBI証券（50万円以上）	56	3	53	12	10	4	2	6	1	6	4	6	2
SBI証券（50万円未満）	56	3	53	12	10	4	2	6	1	6	4	6	2
岡三証券	40	7	33	6	4	4	2	4	1	9	0	3	0
りそな銀行	33	2	31	6	3	1	4	2	1	5	7	2	0

第5章

有力金融機関別・iDeCoポートフォリオ

iDeCoのポートフォリオの考え方

ここまでお読みくださったみなさんは、まず第1章でiDeCoが非常に税制メリットの大きい制度であることを知り、第2章では資産運用で最低限知っておくべき「基本のキ」を押さえていただけた、と思います。第3章ではiDeCoの仕組みと具体的な申し込みの手順を、そして第4章では金融機関の選び方をご紹介しました。

本書の最後となる第5章では、これまで押さえてきたポイントをふまえ、「金融機関を決めた後、具外的にどんな投信でiDeCoの運用を行なっていけばよいのか」をご紹介していきたいと思います。有力金融機関が取り扱う商品名を具体的に取り上げ、インデックスファンドを使って老後に向けた資産形成を行なうためのポートフォリオの組み方まで、すぐ実践していただけるようにご説明していきますから、どうぞご期待ください。

さて、iDeCoで老後資金づくりに取り組むには、まず「老後資金としてどれくらい準備したいか」「そのうちどれくらいをｉＤｅＣｏで準備するか」を考える必要があります。

資産運用においては、

①いつまでに、どれくらいの資金を準備すべきかを見積もる
②これから運用に回していける資金を決める
③年に何パーセントの運用利回りであれば目標額を達成できるかを計算する
④その利回りを達成できる可能性のあるポートフォリオを組む。目標額が高すぎて実現が難しい場合は「目標額を下げる」「運用に回す資金を増やす」「よりリスクを取ってより高いリターンを目指す」といった運用プランの調整を行なう

というステップを踏みます。

「自分が目標とすべき金額、そのためにはいくら拠出し、どれくらいのリスクをとって運用する必要があるのか」を明確にしなければ、「どの投信にどれくらい資金を振

り向けるか」を決める「ポートフォリオづくり」はできないからです。

では、みなさんご自身の運用プランを決めるために必要なステップを進めていきましょう。

iDeCoは老後資金を作るための制度ですから、「そもそも老後資金がどれくらい必要なのか」を見積もる必要があります。

参考になるのは、総務省統計局の家計調査年報のデータです【図5-1】。現在60歳以上の無職世帯の平均的な収入（公的年金や企業年金など）と支出を見ると、不足するのは毎月約6万円ということがわかります。不足分は預金などで備えた分を取り崩すことになるわけです。

この毎月約6万円の不足分は60～90歳の30年間分として考えると、「6万円×12カ月×30年間＝2160万円」となります。つまり、公的年金に加えて約2000万円の「老後資金」を確保しておくことが必要だということです。また、このほかに病気への備えや旅行費などの一時的な支出として最低でも500万円程度は見積もっておいたほうがいいでしょう。つまり、老後資金として自力で準備すべき金額はだいたい

【図5-1】60歳以上の無職世帯収入と支出

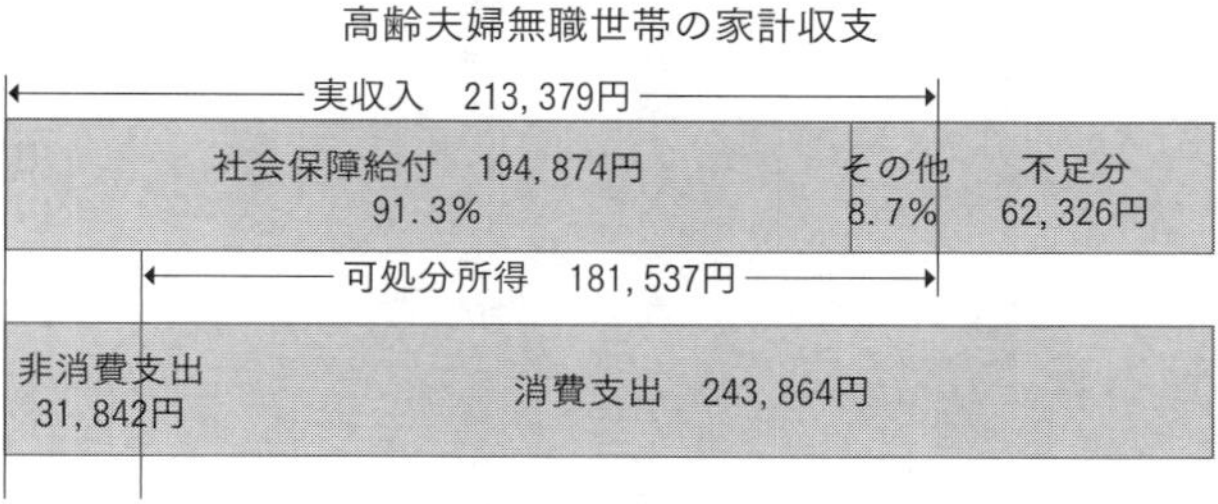

月の不足額が60,000円とした場合
30年間で約2,000万円が不足

60,000円×12カ月×30年間＝21,600,000円

※総務省統計局　家計調査年報（家計収支編）平成27年（2015年）家計の概況

2500万円程度が一つの目安ということになります。

もちろん、これは統計データを利用したごく簡単な試算です。

たとえばみなさんの中には、親から資産を引き継ぐ予定のある方もいれば、〝賃貸派〟で持ち家がないので老後にかかる住居費支出を多く見積もらなければならないという方もいらっしゃるでしょう。

こうした個別の事情を加味し、もう少し自分の実態にあわせて「老後に必要となる資金」を試算したい人は、「老後に公的年金や企業年金がどれくらい受給できそうか」や「老後は毎月どれくらいの支出が必要か」

「月々の支出以外に準備しておくべき資金はどれくらいか」を自分の生活スタイルなども勘案してざっくり計算してみましょう。

こうして「自分が必要とする老後資金」を調べ、準備すべき金額を把握することがファーストステップです。

必要な資金がわかったら、すでに老後資金として確保している分を除くと、残りは「60歳までに積み立てながら運用して準備する」ことになります。

30歳のXさんのケース

60歳までに準備したい額が決まったら、つぎに「いくら拠出できるか」を考え、「どれくらいの運用利回りなら目標を達成できるか」を調べましょう。

たとえば今、30歳の会社員Xさんがいるとします。勤務先には企業年金がないので、ｉＤｅＣｏで「自分年金」を作りたいと考えており、「すでに貯蓄が５００万円あっていざというときの備えにはなる。今後は、60歳までの間に老後資金を２０００

万円準備したい」というケースを考えてみましょう。

ここでは、ＸさんのｉＤｅＣｏの掛け金上限額である月々２万３０００円を拠出するとしましょう。「30歳から60歳までの30年間で２０００万円」を達成するための利回りははたしてどれくらいでしょうか?

この計算は電卓では難しいので、モーニングスターのウェブサイトにある「金融電卓」をぜひ活用してください。

【図５‐２】（160ページ）をご覧ください。モーニングスターのトップページから「かんたんファンド検索」をクリックし、「さっそくポートフォリオを組んでみる」に進むと、「目標金額に必要な利回りでポートフォリオを組む」というページにたどり着きます（http://www.morningstar.co.jp/FundBeginner/portfolio_return1.html）。

このページで「毎月積み立てる場合」のタグを選び、「最初にまとめて投資できる金額はいくらですか?」には「０」万円、「毎月の積み立て金額はいくらですか?」に「２・３」万円、「積立期間は何年ですか?」に「30」年「０」カ月、「目標金額はいくらですか?」に「２０００」万円と入力し、「利回りを計算する」をクリックし

【図5-2】モーニングスターサイトで必要な運用利回りを計算する

ましょう。

すると、必要な利回りは年５・３％であることがわかります。【図５‐３】（162〜163ページ）をご覧ください。もしXさんが毎月2万３０００円を運用せずにただ積み立てる場合、元本は「2万３０００円×12カ月×30年＝８２８万円」です。預貯金ではここからさほど増えないでしょう。

これを30年間、約５・３％の運用利回りで運用できれば、30年後には同じ拠出額がおよそ２０００万円になり、無事に目標とする老後資金づくりを達成できるわけです。

50歳のYさんのケース

ｉＤｅＣｏでは、拠出可能な額に上限が設けられています。このため、老後資金として準備したい額をｉＤｅＣｏだけで準備するのは難しいケースもあることでしょう。

たとえば企業年金のない会社に勤める50歳のＹさんが、「いざというときのためのお金が５００万円、老後資金として７００万円の貯蓄がある。あと10年で何とか２０００万円まで老後資金を増やしたい」という場合を想定すると、これをｉＤｅＣｏだけで準備するのは無理があります。拠出上限は毎月２万３０００円で、これを10年間積み立て投資して２０００万円まで増やすというのは現実的ではないからです。

しかしＹさんのケースでは、先にご紹介したＮＩＳＡや一般口座の活用も併せて検討することで、解決策が見えてきます。

用の目標利回りは?

23,000円×12カ月×30年×5.3%(年率)＝20,329,103円

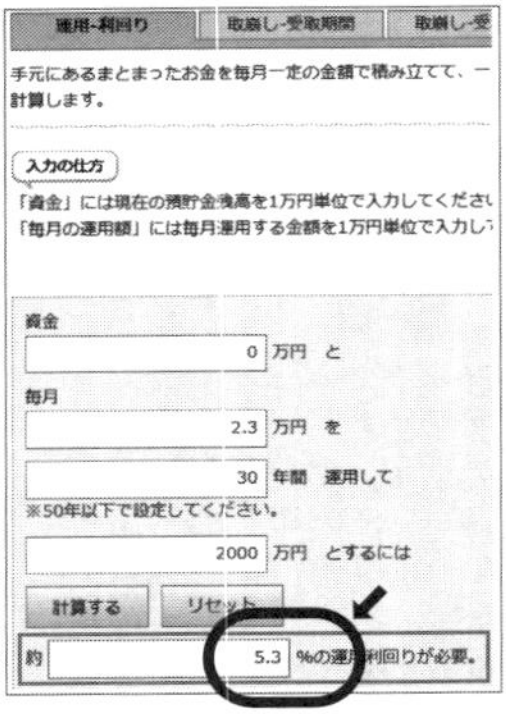

たとえばｉＤｅＣｏでは毎月２万３０００円を拠出し、10年間で３５０万円にすると考えます。この場合、先にご紹介したモーニングスターの金融電卓を使うと、年４・６%の運用利回りを目指す必要があることがわかります。

残る１７００万円については、ＮＩＳＡまたは一般口座で運用します。運用に回せ

【図5-3】30歳の人が、60歳時点で2,000万円を貯める運

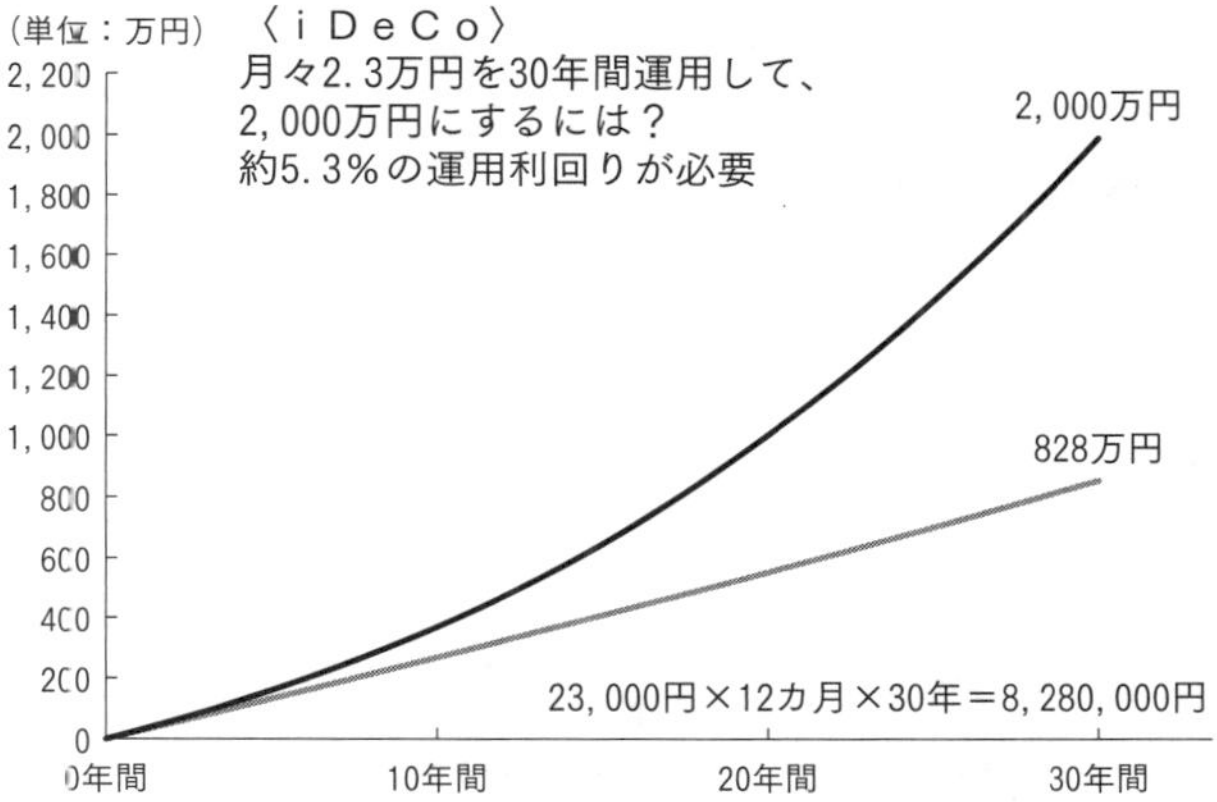

る元本700万円に加え、月々5万円を積み立てることができるとしましょう。10年間の運用期間で1700万円とするには、金融電卓を使うと約3・5%の運用利回りを目指す必要があることがわかりました。

【図5・4】(164〜165ページ)をご覧ください。もしYさんが毎月2万3000円をiDeCoで運用せずにただ積み立てる場合、元本は「2万3000円×12カ月×10年＝276万円」ですね。また、NISA口座や一般口座で運用をせず、ただ5万円を積み立てていたとしたら、「700万円＋(5万円×12カ月×10年)＝1300万円」。つまり、運用をしなければ424万

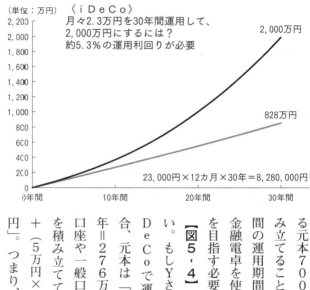

円の老後資金が不足すると考えられるわけです。しかし、iDeCoやNISAなどを活用して目指す運用利回りを達成できれば、無事に老後資金を確保することができます。

さて、ここまでお読みいただいた方の中には、「4～5%台の運用利回りを目指すのは難しいのでは?」と感じる人が多いかもしれません。しかし、長期分散投資を前提とするなら、資産配分しだいでは十分に達成できる水準だと思います。

私は、iDeCoは長期投資が前提になることを鑑《かんが》み、50歳までの方（運用期間10年超）には株式100%のポートフォリオを勧めます。

用の目標利回りは?

23,000円×12カ月×10年×4.6%(年率)=3,509,490円

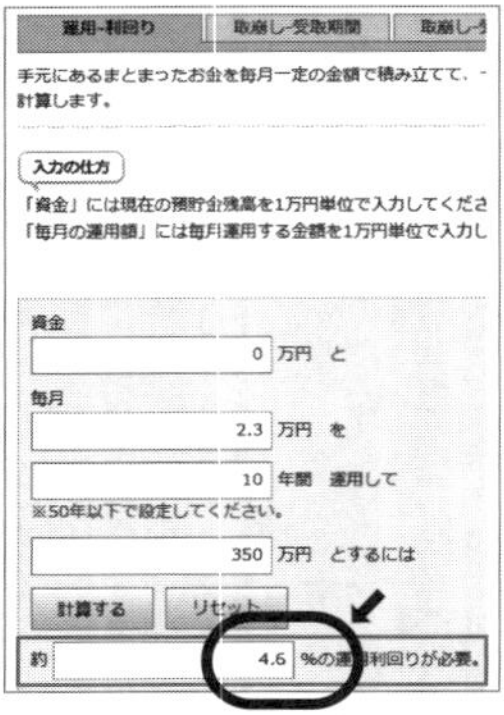

元本7,000,000円+(50,000円×12カ月×10年)×3.5%(年率)=17,066,734円

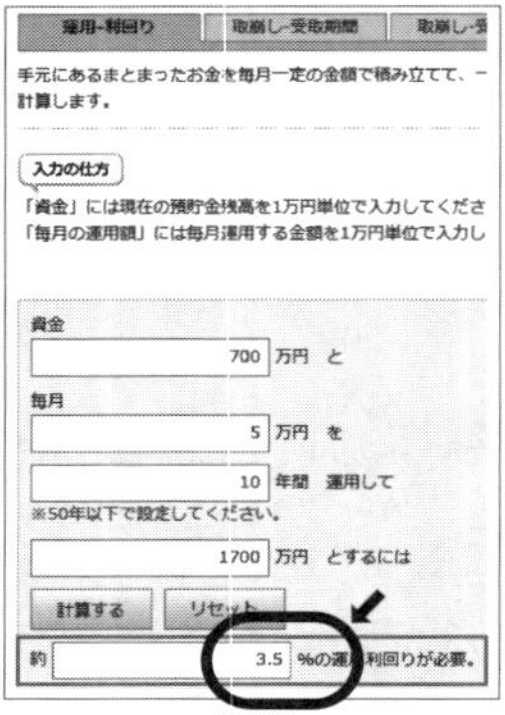

運用3.5%の運用ポートフォリオ

【図5-4】50歳の人が、60歳時点で2,000万円を貯める運〈iDeCo＆NISA or 一般口座を併用〉

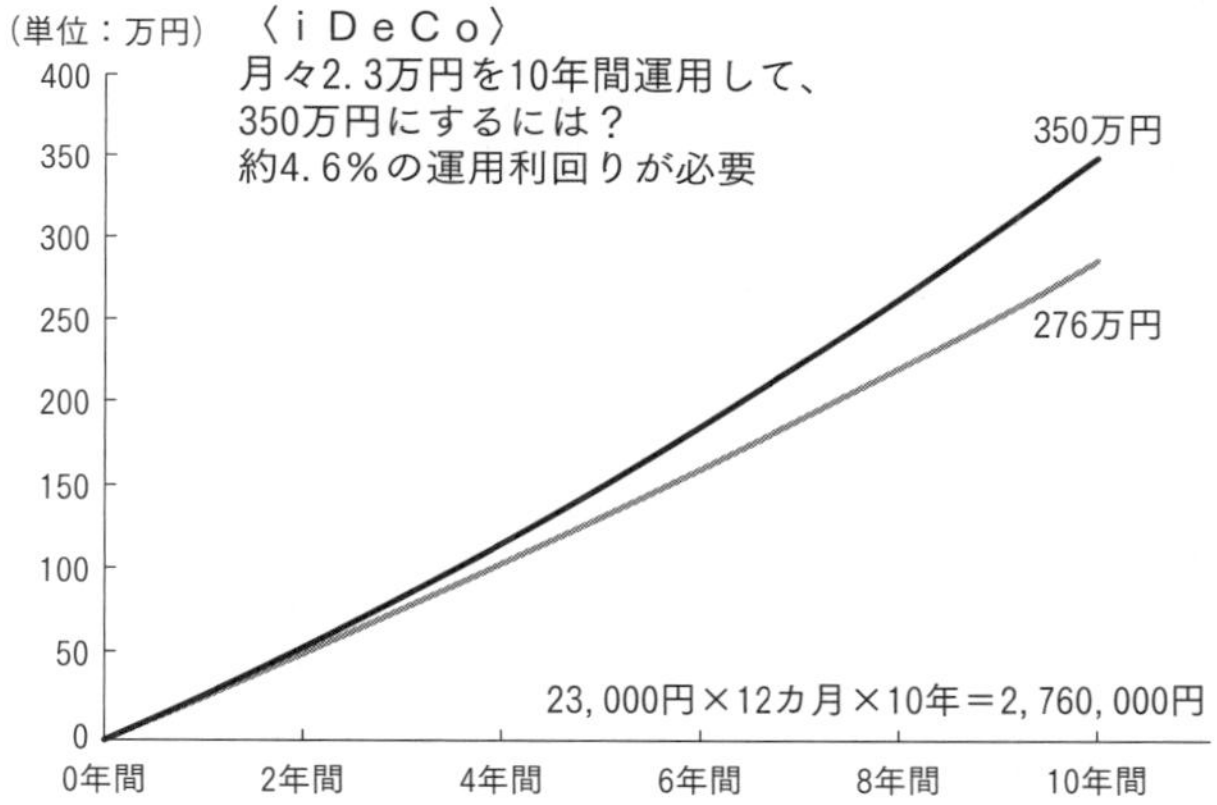

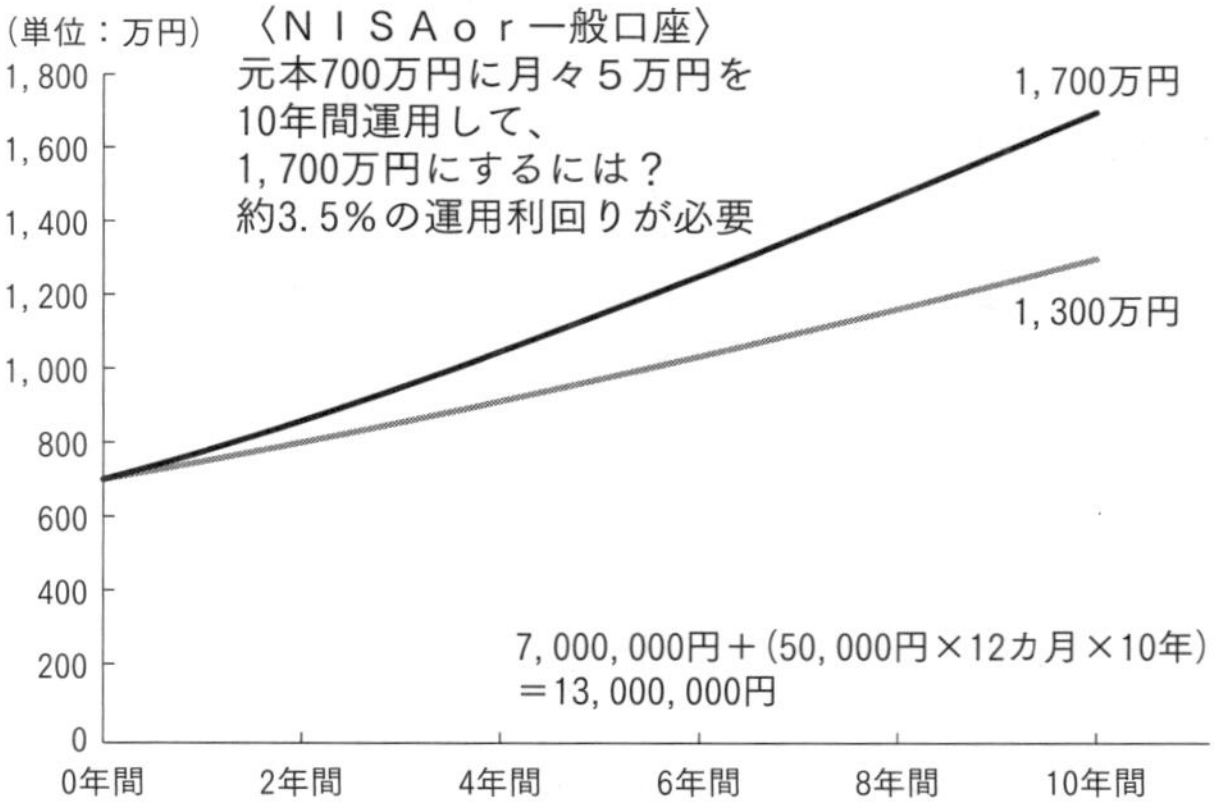

具体的には、「国内株20％、先進国株式50％、新興国株式30％」のポートフォリオを提案したいと思います。このポートフォリオでは、期待収益率はおよそ5・2％となります。

もちろん、運用期間があまり長く取れない方、つまり50歳以降で運用期間が10年に満たない場合には、もう少しリスクを抑える必要があるでしょう。

50歳以降の方に私がお勧めするのは、「株式50％、債券50％」とし、「国内株式10％、先進国株式30％、新興国株式10％、先進国債券30％、新興国債券20％」を組み入れるポートフォリオです。このポートフォリオでは、期待収益率はおよそ3・5％となります【図5‐5】。

私がご提案するポートフォリオでは、国内資産よりも海外資産の割合を多くし、新興国の組み入れ比率を高めています。

海外資産の割合を多くしているのは、日本は今後も低成長が続きそうなことが理由です。

先進国の中でも日本の経済成長率が低いことはみなさんご承知のとおりですし、世

【図5-5】iDeCoの最適な運用ポートフォリオ

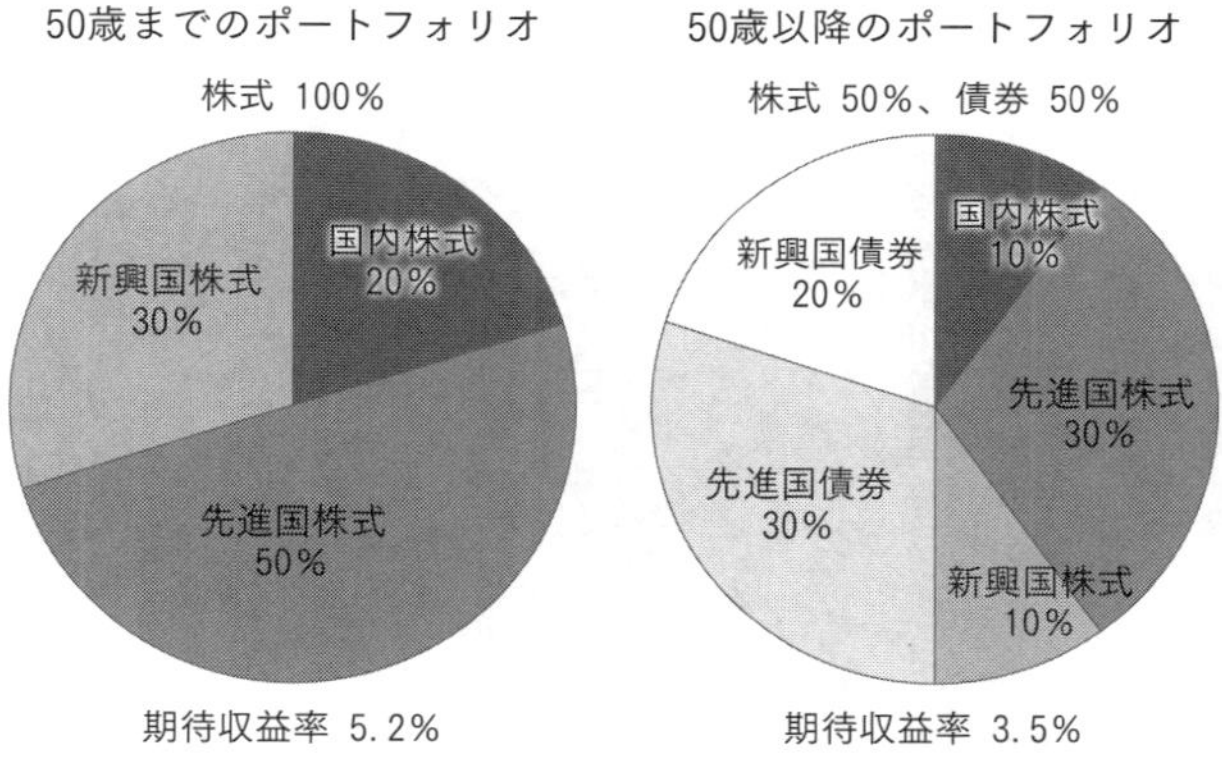

界の企業を時価総額（株価×発行済み株式数）でランキングすると、上位をアップルやアルファベット（グーグルの持ち株会社）、マイクロソフト、フェイスブック、アマゾンといった米国企業が占める一方で、日本国内の時価総額上位企業はトヨタ自動車のような大手メーカーや三菱UFJフィナンシャルグループのような金融グループが中心であり、旧態依然とした状況のままです。

残念ですが、「今後の成長が期待できる地域に投資し、その成長の果実を得る」という観点では、日本への投資の割合は控えめにせざるを得ないと思います。

また、新興国の組み入れ比率を高めにして

いるのは、ｉＤｅＣｏでは長期的に大きく成長する地域にこそ積極的に投資していくべきだと考えるからです。

一般に言われるように、新興国への投資はリスクが大きいことは間違いありません。しかし、10年、20年、30年後に向けて資産を育てていくのですから、長い目で見て成長余力がより大きな地域への投資こそ、資産を守り育てることにつながるはずです。新興国の成長のポテンシャルの高さを考えれば、投資先としてこれを取り込まない手はないでしょう。


なお、金融機関の中にはｉＤｅＣｏ向けの商品に新興国資産へ投資するファンドがラインナップされていないところもあります。

本書を参考にポートフォリオを作ろうと考える方は、「新興国資産に投資できる商品が用意されているかどうか」という点にも目を配って金融機関を選択してください。

お勧め金融機関4社の商品で考える

では、ご紹介した資産配分をもとに、先ほど取り上げた有力候補となる金融機関の商品で具体的なポートフォリオを組んでみましょう。

復習しておくと、ポートフォリオづくりのポイントとなるのは「低コストなインデックスファンドを組み合わせ、ポートフォリオ全体で運用にかかるコストを抑える」ことにあるのでしたね。

このポイントをふまえ、SBI証券、楽天証券、スルガ銀行、りそな銀行で「50歳まで（株式100%）」「50歳以降（株式50%、債券50%）」のポートフォリオを作ったのが**【図5-6】**（170～171ページ）です。

たとえばSBI証券のポートフォリオ例で見ると、50歳までのポートフォリオは国内株式として「三井住友・DC日本株式インデックスファンドS」（信託報酬0・21%）を20%、先進国株式として「DCニッセイ外国株式インデックス」（信託報酬0・

50歳以降

	ファンド名	信託報酬(税込)	構成比率
国内株式	三井住友・ＤＣ日本株式インデックスファンドＳ	0.21%	10%
先進国株式	ＤＣニッセイ外国株式インデックス	0.23%	30%
新興国株式	ＥＸＥ－ｉ新興国株式ファンド	0.39%	10%
先進国債券	三井住友・ＤＣ外国債券インデックスファンド	0.23%	30%
新興国債券	三菱ＵＦＪ　ＤＣ新興国債券インデックスファンド	0.56%	20%
	加重平均信託報酬(税込)	0.31%	

50歳以降

	ファンド名	信託報酬(税込)	構成比率
国内株式	三井住友・ＤＣ日本株式インデックスファンドＳ	0.21%	10%
先進国株式	たわらノーロード　先進国株式	0.24%	30%
新興国株式	インデックスファンド海外新興国(エマージング)株式	0.59%	10%
先進国債券	たわらノーロード　先進国債券	0.22%	30%
新興国債券	インデックスファンド海外新興国(エマージング)債券(1年決算型)	0.56%	20%
	加重平均信託報酬(税込)	0.33%	

50歳以降

	ファンド名	信託報酬(税込)	構成比率
国内株式	りそなＤＣ信託のチカラ　日本の株式インデックスファンド	0.19%	10%
先進国株式	ＤＣダイワ外国株式インデックス	0.27%	30%
新興国株式	野村新興国株式インデックスファンド(確定拠出年金向け)	0.60%	10%
先進国債券	ＤＣダイワ外国債券インデックス	0.27%	30%
新興国債券	ＤＣダイワ新興国債券インデックスファンド	0.56%	20%
	加重平均信託報酬(税込)	0.35%	

50歳以降

	ファンド名	信託報酬(税込)	構成比率
国内株式	トピックス・インデックス・オープン(確定拠出年金向け)	0.62%	10%
先進国株式	インベスコＭＳＣＩコクサイ・インデックス・ファンド	0.76%	30%
新興国株式	インデックスファンド海外新興国(エマージング)株式	0.59%	10%
先進国債券	ダイワ投信倶楽部　外国債券インデックス	0.70%	30%
新興国債券	インデックスファンド海外新興国(エマージング)債券(1年決算型)	0.56%	20%
	加重平均信託報酬(税込)	0.67%	

【図5-6】ポートフォリオの比較

ＳＢＩ証券　50歳まで

	ファンド名	信託報酬(税込)	構成比率
国内株式	三井住友・ＤＣ日本株式インデックスファンドＳ	0.21%	20%
先進国株式	ＤＣニッセイ外国株式インデックス	0.23%	50%
新興国株式	ＥＸＥ－ｉ新興国株式ファンド	0.39%	30%
		加重平均信託報酬(税込)	0.27%

楽天証券　50歳まで

	ファンド名	信託報酬(税込)	構成比率
国内株式	三井住友・ＤＣ日本株式インデックスファンドＳ	0.21%	20%
先進国株式	たわらノーロード　先進国株式	0.24%	50%
新興国株式	インデックスファンド海外新興国(エマージング)株式	0.59%	30%
		加重平均信託報酬(税込)	0.34%

りそな銀行　50歳まで

	ファンド名	信託報酬(税込)	構成比率
国内株式	りそなＤＣ信託のチカラ　日本の株式インデックスファンド	0.19%	20%
先進国株式	ＤＣダイワ外国株式インデックス	0.27%	50%
新興国株式	野村新興国株式インデックスファンド(確定拠出年金向け)	0.60%	30%
		加重平均信託報酬(税込)	0.35%

スルガ銀行　50歳まで

	ファンド名	信託報酬(税込)	構成比率
国内株式	トピックス・インデックス・オープン(確定拠出年金向け)	0.62%	20%
先進国株式	インベスコＭＳＣＩコクサイ・インデックス・ファンド	0.76%	50%
新興国株式	インデックスファンド海外新興国(エマージング)株式	0.59%	30%
		加重平均信託報酬(税込)	0.68%

23％）を50％、新興国株式は「ＥＸＥ－ｉ新興国株式ファンド」（信託報酬０・39％）を30％という割合で掛け金を振り分けることになります。このポートフォリオ全体のコストは、それぞれの投信の割合に応じて信託報酬を加重平均すると、０・27％となります。

同様に、50歳以降のポートフォリオは国内株式として「三井住友・ＤＣ日本株式インデックスファンドＳ」（信託報酬０・21％）を10％、先進国株式として「ＤＣニッセイ外国株式インデックス」（信託報酬０・23％）を30％、新興国株式は「ＥＸＥ－ｉ新興国株式ファンド」（信託報酬０・39％）を10％、先進国債券は「三井住友・ＤＣ外国債券インデックスファンド」（信託報酬０・23％）を30％、新興国債券は「三菱ＵＦＪ ＤＣ新興国債券インデックスファンド」（信託報酬０・56％）を20％という割合で掛け金を振り分けます。このポートフォリオ全体のコストは０・31％となります。

【図５－７】は、金融機関10社について、ｉＤｅＣｏ向けにラインナップされている商品で「50歳まで」「50歳以降」のポートフォリオを作った場合のコストを一覧にしたものです。対象としたのは、新興国株式と新興国債券に投資できるファンドがある

【図5-7】50歳までのポートフォリオ

	国内株式	先進国株式	新興国株式	加重平均信託報酬（税込）
ＳＢＩ証券	20％	50％	30％	0.27％
第一生命保険	20％	50％	30％	0.31％
楽天証券	20％	50％	30％	0.34％
野村證券	20％	50％	30％	0.34％
りそな銀行	20％	50％	30％	0.35％
三井住友銀行	20％	50％	30％	0.36％
東京海上日動火災保険	20％	50％	30％	0.40％
スルガ銀行	20％	50％	30％	0.68％
損保ジャパン日本興亜ＤＣ証券	20％	50％	30％	0.74％
横浜銀行	20％	50％	30％	0.82％

50歳以降のポートフォリオ

	国内株式	先進国株式	新興国株式	先進国債券	新興国債券	加重平均信託報酬（税込）
ＳＢＩ証券	10％	30％	10％	30％	20％	0.31％
第一生命保険	10％	30％	10％	30％	20％	0.32％
楽天証券	10％	30％	10％	30％	20％	0.33％
三井住友銀行	10％	30％	10％	30％	20％	0.34％
野村證券	10％	30％	10％	30％	20％	0.34％
りそな銀行	10％	30％	10％	30％	20％	0.35％
東京海上日動火災保険	10％	30％	10％	30％	20％	0.38％
スルガ銀行	10％	30％	10％	30％	20％	0.67％
損保ジャパン日本興亜ＤＣ証券	10％	30％	10％	30％	20％	0.71％
横浜銀行	10％	30％	10％	30％	20％	0.72％

※新興国株式の取り扱いのある金融機関を対象に、各社のラインナップでの商品区分でもっとも信託報酬が低い商品を対象に、加重平均信託報酬を計算
※2016年11月30日現在

金融機関で、各社のラインナップの中でもっとも信託報酬が低いものを組み入れるという条件で計算しています。

この表を見ると、先ほどの「50歳までのポートフォリオでコスト0・27％」「50歳以降のポートフォリオでコスト0・31％」というのが非常に低い水準であることがおわかりいただけるでしょう。

このように低コストなインデックスファンドを組み合わせて運用する場合、ときどきポートフォリオを自分でメンテナンスする必要があります。というのも、時間の経過とともにある資産が値上がりしたり、別の資産が値下がりしたりすることで、資産配分のバランスが崩れてくるからです。崩れたバランスを直すことを、「リバランス」といいます。

やることは簡単です。まず、年1回は現状の資産構成を確認しましょう。50歳までのポートフォリオの場合は「国内株式20％、先進国株式50％、新興国株式30％」という割合で運用したいわけですが、数パーセント程度であれば割合が崩れていてもそのままで構いません。

【図5-8】ポートフォリオのリバランスと拠出金の配分変更

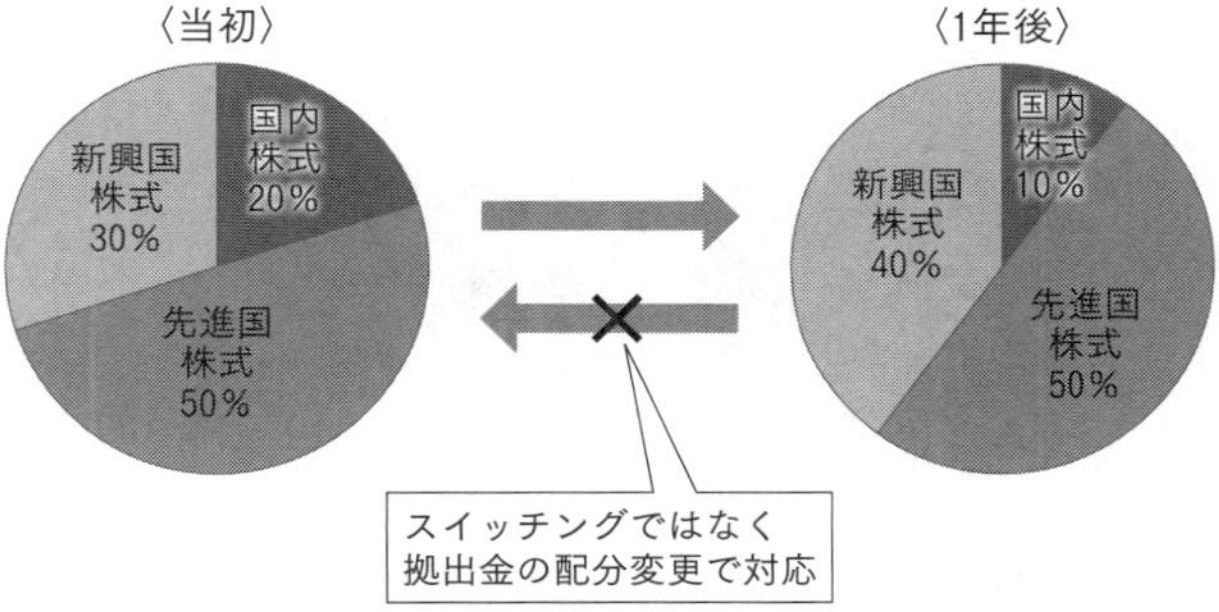

〈拠出金の配分〉

〈当初〉

国内株式	20%
先進国株式	50%
新興国株式	30%
合計	100%

〈1年後〉

国内株式	30%
先進国株式	50%
新興国株式	20%
合計	100%

割合に10％以上のズレが生じていたら、「拠出金の配分変更」をします。【図5-8】をご覧ください。

たとえば運用を始めて1年後、国内株式が大きく値下がりして資産全体の10％になり、新興国株式が値上がりして40％になったとしましょう。このような場合は、拠出金を「国内株式30％、先進国株式50％、新興国株式20％」に配分するよう変更し、少しずつリバランスが進むようにしてください。

なお、リバランスするには、値

上がりしたもの（この場合は新興国株式）を売却し、値下がりしたもの（この場合は国内株式）を買う「スイッチング」でも対応できます。iDeCoでは、配分変更でもスイッチングでも、手数料はかかりません。

私が配分変更をお勧めするのは、積み立ての配分を変えるならそのついでに「先進国株式を少し減らして、グローバルの中小型株も組み入れてみよう」というように運用の見直しがしやすいからです。追ってご紹介しますが、運用プランはより多様な資産を組み入れることで改善を目指すことが可能です。みなさんも、ベーシックな運用に慣れたら、ぜひ検討してみていただければと思います。

もう一つ、50歳までのポートフォリオで運用をスタートした方は、50歳になったらポートフォリオを「50歳以上」の割合に移行してください。これも、その時点で保有している株式投信を半分売却し、その資金で債券投信を買えばOKです。

こうしてリスクを落としてより安定的な運用に切り替えることで、「iDeCoの受給開始直前に保有資産が大きく値下がりしてしまう」といった事態をできるだけ防ぐようにしましょう。

手間《てま》を省きたい人は、「ターゲットイヤーファンド」も候補に

さて、ここまでは私が特にお勧めする「低コストインデックスファンド」を使った運用プランをご紹介してきました。

しかし、みなさんの中には「資産配分が変わったときにリバランスするのは面倒そうだな」「できれば運用期間中はあまり手間をかけたくない」という方もいらっしゃるでしょう。実は、ｉＤｅＣｏではそういった方に向く「ターゲットイヤーファンド」という選択肢もあります。

ターゲットイヤーファンドとは、あらかじめ「いつまで運用するか（＝ターゲットイヤー）」が設定されており、その年までの間、投資対象の選択や資産配分の変更をファンドが自動的に行なってくれるというものです【図５-９】（178〜179ページ）。

資産運用では、取れるリスクの大きさは運用可能な期間によって変わります。たとえば、私は50歳までの方はｉＤｅＣｏで10年以上の運用期間が取れるため、１００％

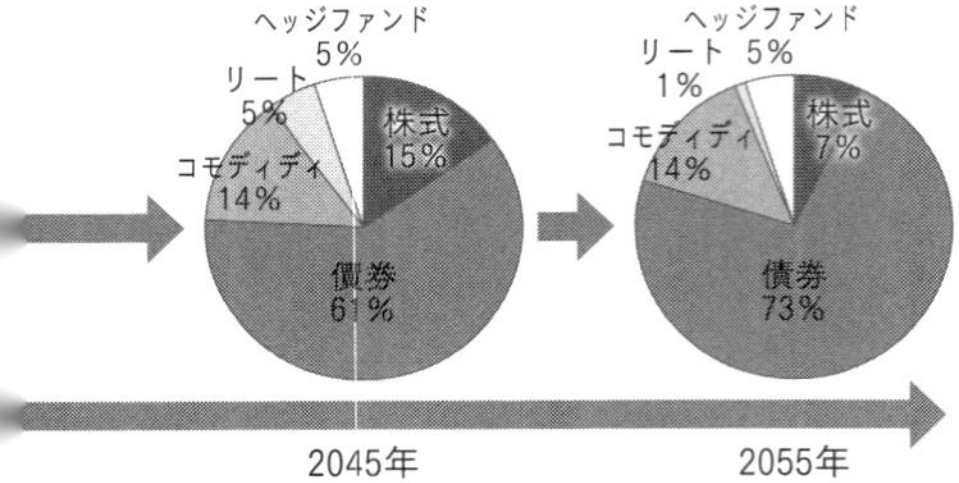

035/2045/2055」 2016年7月31日基準の月次レポート

- あらかじめ運用最終年を設定することで、運用可能期間の長さに応じて、投資対象の選択や資産配分の変更をファンドが自動的に実施する。
- 加入者の投資期間が短くなるにつれ、安定運用に移行する。
- 自動的に資産配分の変更が行なわれるため、投資初心者や多忙な人でも長期投資ができる。

株式投信で運用することを勧めています。これはある程度高いリスクを取って高いリターンを狙《ねら》っているわけです。もちろん高いリスクを取れば、ときには資産が大きく目減りするタイミングもあるかもしれません。

しかし、運用期間が十分に長ければ、その目減りを取り返す時間も確保できる可能性が高いでしょう。そして50歳以降は、先ほどもご説明したように、60歳以降のｉＤｅＣｏ受給開始に向けてより安定的な運用に移行していこうというのがご提案した運用プランでした。

ターゲットイヤーファンドも考え方の基本は同じで、こうした運用を自動でやってくれる商品なのです。

【図5-9】ターゲットイヤーファンドとは

ターゲットイヤーファンド（セレブライフ・ストーリー2055）の例

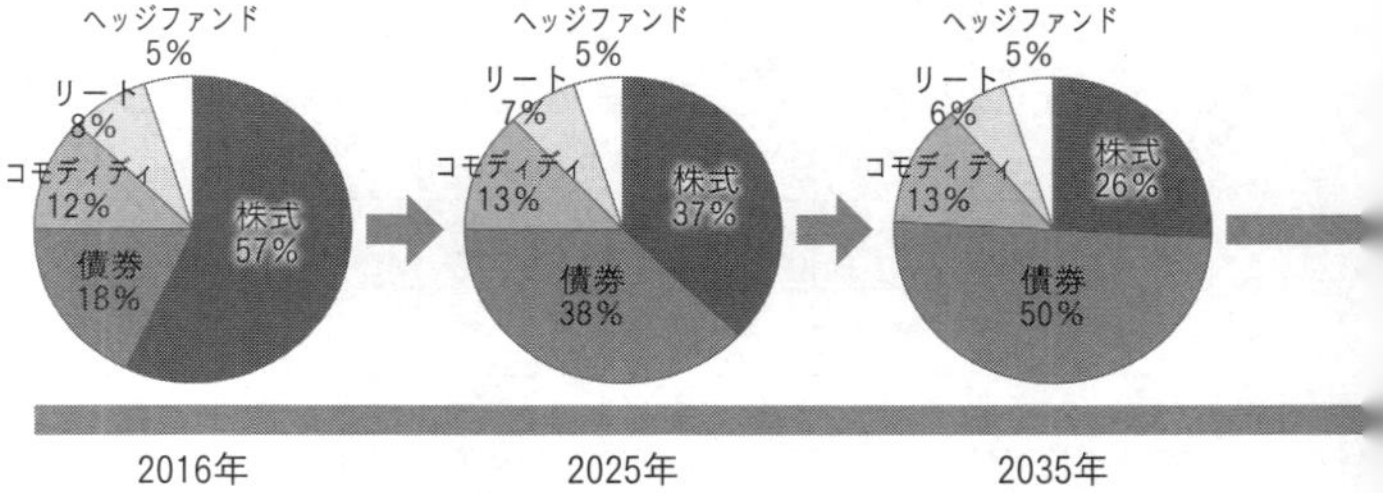

※出所：ＳＢＩアセットマネジメント「セレブライフ・ストーリー2016/2025/2

「セレブライフ・ストーリー２０５５」（ＳＢＩアセットマネジメント）という商品を例にとってご説明しましょう。

　このファンドは２０５５年をターゲットイヤーとする投信です。２０１６年時点では、「株式57％、債券18％、コモディティ12％、ＲＥＩＴ８％、ヘッジファンド５％」というポートフォリオになっています。年を追うごとにこの割合は変化していき、２０３５年に「株式26％、債券50％、コモディティ13％、ＲＥＩＴ６％、ヘッジファンド５％」となり、２０５５年には「株式７％、債券73％、コモディティ14％、ＲＥＩＴ１％、ヘッジファンド５％」となります。

　このように、加入者の投資期間が短くなるにつ

（単位：%）

先進国株式	新興国株式	海外中小型株式	国内債券	先進国債券	新興国債券	コモディティ・リート等	短期金融資産等	合計
25	0	0	22	5	0	0	3	100
8	15	4	10	11	17	22	3	100
	0	0	24		0	0	3	100

（単位：%）

先進国株式	新興国株式	海外中小型株式	国内債券	先進国債券	新興国債券	コモディティ・リート等	短期金融資産等	合計
20	0	0	36	10	0	0	3	100
5	4	2	43	9	7	21	3	100
	0	0	44		0	0	3	100

れ、徐々に安定運用に移行していってくれるわけです。

完全に運用を〝お任せ〟でき、拠出金の配分変更やスイッチングの必要もありませんから、多忙なビジネスパーソンや投資初心者で商品選びに迷う方にとっては有力な選択肢となるでしょう。

ただし、ターゲットイヤーファンドは金融機関によって取り扱いがないところもあります。「ターゲットイヤーファンドで運用したい」という方は、金融

【図5-10】ターゲットイヤーファンドの各社比較

2045〜2050年〈積極運用〉

金融機関	ファンド名	運用会社	信託報酬（税込）	国内株式
りそな銀行	りそなＤＣ信託のチカラ ターゲットイヤー2050年	りそな銀行	0.45	45
ＳＢＩ証券	セレブライフ・ストーリー2045	ＳＢＩアセットマネジメント	0.69	10
楽天証券	楽天ターゲットイヤー2050	楽天投信投資顧問	0.93	73

2025〜2030年〈安定成長運用〉

金融機関	ファンド名	運用会社	信託報酬（税込）	国内株式
りそな銀行	りそなＤＣ信託のチカラ ターゲットイヤー2030年	りそな銀行	0.45	31
ＳＢＩ証券	セレブライフ・ストーリー2025	ＳＢＩアセットマネジメント	0.68	6
楽天証券	楽天ターゲットイヤー2030	楽天投信投資顧問	0.92	53

※ターゲットイヤーファンドが複数ある金融機関は信託報酬が低いファンドを選定。投資比率は、各商品の目論見書、または運用会社ホームページを参照
※2016年11月30日現在

機関選びの際に商品ラインナップをよく確認してください。

また、ひとくちに「ターゲットイヤーファンド」といっても、組み入れられている資産の中身や信託報酬には違いがあります。

【図5-10】は、りそな銀行、SBI証券、楽天証券が取り扱うターゲットイヤーファンドを比較した表です。2045〜2050年にターゲットイヤーを迎える積極運用タイプのものと、2025〜2030年にタ

ーゲットイヤーを迎える安定成長運用のものを並べています。

りそな銀行の「りそなDC信託のチカラ　ターゲットイヤー」は、いずれも信託報酬が0・45%とコストが低いところが魅力といえるでしょう。ただし、新興国資産は組み入れられていません。

組み入れ資産の多様性という点では、SBI証券の「セレブライフ・ストーリー」が目を引きます。新興国資産はもちろんのこと、海外の中小型株式やコモディティ、REITなど幅広く分散されている点は高く評価できるポイントです。

一方、楽天証券の「楽天ターゲットイヤー」は、国内および先進国の株式と債券を投資対象としています。資産構成としては非常にシンプルです。

ターゲットイヤーファンドは、今後も各金融機関が新商品を投入してくる可能性があります。いずれにしても、投資を検討する際は必ず「組み入れられている資産の種類など、運用の中身はどうなっているか」「信託報酬はどれくらいか」を確認するようにしましょう。

運用の中身については、できれば新興国資産なども幅広く組み入れたものをお勧めします。

信託報酬は「低コストインデックスファンド」の組み合わせよりはどうしても高めになりますが、先にご紹介したインデックスファンドで組むポートフォリオ例とも比較し、カットできる手間も勘案《かんあん》して、納得できる水準のものを選ぶようにしたいところです。

バランス型ファンドを検討する際に知っておきたいこと

もう一つ、iDeCoでは「バランス型ファンド」も選択肢として検討されることが多いようです。

バランス型ファンドとは、株式や債券などを組み合わせたもののことです。ターゲットイヤーファンドもバランス型ファンドの一種ですが、一般にいうバランス型ファンドには、ターゲットイヤーファンドのように徐々に安定運用に切り替える仕組みは備えられていません。

株式の比率が高く「成長型」や「積極運用型」などと呼ばれるタイプや、債券の比率が高く「安定成長型」や「安定型」などと呼ばれるものなどがあるので、老後資金づくりをするなら「50歳までは積極運用型を保有し、50歳になったらそれを売却して安定型に乗り換える」というように、自分でスイッチングをする必要があるでしょう。

バランス型ファンドについても、やはりコストと中身のチェックが重要です。特に古いバランス型ファンドは、信託報酬が高いものがめずらしくなく、組み入れられている資産の種類もシンプルなものが多い傾向がありますから注意が必要でしょ

（単位：％）

先進国株式	新興国株式	国内債券	先進国債券	新興国債券	短期金融資産等	合計
20	0	5	10	0	5	100
25	0	20	10	0	0	100
25	0	20	10	0	0	100

（単位：％）

先進国株式	新興国株式	国内債券	先進国債券	新興国債券	短期金融資産等	合計
15	0	25	10	0	5	100
20	0	40	10	0	0	100
20	0	40	10	0	0	100

【図5-11】バランス型ファンドの各社比較

〈積極運用・株式70％以上〉

金融機関	ファンド名	運用会社	信託報酬（税込）	国内株式
ＳＢＩ証券	ＤＣインデックスバランス（株式80）	日興アセットマネジメント	0.22	60
りそな銀行	ダイワ・ライフ・バランス70	大和投資信託	0.24	45
野村證券	マイバランスＤＣ70	野村アセットマネジメント	0.26	45

〈安定成長運用・株式50％程度〉

金融機関	ファンド名	運用会社	信託報酬（税込）	国内株式
ＳＢＩ証券	ＤＣインデックスバランス（株式60）	日興アセットマネジメント	0.21	45
りそな銀行	ダイワ・ライフ・バランス50	大和投資信託	0.22	30
野村證券	マイバランスＤＣ50	野村アセットマネジメント	0.25	30

※バランス型ファンドが複数ある金融機関は信託報酬が低いファンドを選定。投資比率は、各商品の目論見書を参照
※2016年11月30日現在

う。

【図5－11】は、ＳＢＩ証券、りそな銀行、野村證券でｉＤｅＣｏ向けに取り扱っているバランス型ファンドを比較したものです。

こうして見ると、現状の各社のラインナップでは組み入れ資産の種類がシンプルで、新興国資産に投資しているものはこの中にはありません。

しかし、ここに挙げた商品はいずれも信託報酬が十分に低く、低コストインデックスファ

ンドのポートフォリオと比べても遜色《そんしょく》ないほどです。この点は評価できますし、もし「新興国資産に投資しなくてもよい」と考えるのであれば有力な選択肢になるでしょう。

なお、バランス型ファンドについても、各社が新たに商品を追加してくる可能性があります。繰り返しになりますが、投資を検討する際は必ず運用の中身をよく確認し、信託報酬が納得できる水準かどうかもチェックするようにしましょう。

iDeCoで挑戦する「究極の分散投資」

iDeCoの商品選びとポートフォリオづくりについては、ここまでで基本は十分です。しかしせっかくですから、最後に少し〝上級者向け〟のポートフォリオづくりについても紹介しておきたいと思います。ポイントは、「より多様な資産への分散」です。

分散投資の重要性についてはこれまでも繰り返しご説明してきましたが、実は近年、昔ながらの分散投資ではかつてのような分散効果が発揮されない傾向が見られています。

そもそも、株式と債券を併せ持つことで分散効果が得られるのは、「株価が上がれば債券価格が下がり、株価が下がれば債券価格が上がる」のが経済の約束事だったからです。

念のためにこのメカニズムについてご説明すると、景気が冷え込んで株式相場が下落した場合は景気回復のために金利が引き下げられますから、債券価格は上昇します。逆に景気が過熱して株価が上昇すれば、金利は引き上げられ、債券価格は下落します。

ところが、近年は超低金利が続いており、マイナス金利が導入されたとはいってもその低下には限度があります。金利の低下余地が少ないのですから、債券価格が上がりにくくなっているということです。株価が下がっても債券価格はあまり上がらないとなると、分散の効果は小さくなってしまいます。

また、株式に関しても世界で価格の連動性が高まっており、昔ほどには地域分散の効果が出ていません。これは、グローバル企業の台頭により、世界がフラット化していることが大きな理由の一つでしょう。たとえばアップルはアメリカを代表する企業ですが、売り上げの約3割を中国で上げており、中国景気の動向はアップルの収益に大きな影響を与えているわけです。世界の大型株を中心に投資をしていれば、地域分散の効果が効きにくくなるのも当然でしょう。

このような状況をふまえると、さらに多様な資産を組み入れて分散の効果を高める、いわば「究極の分散投資」にも積極的に取り組んでいきたいところです。

たとえば株式については、中小型株ファンドに目を向けるのが一つの方法でしょう。国内を主戦場とする非グローバル企業の株式をポートフォリオに組み入れれば、世界の株式市場の動向から影響を受けにくいはずです。

また、長期的により高い成長が見込める地域に投資するファンドも選択肢になるでしょう。新興国株式インデックスファンドで組み入れ対象になっていない、いわゆる「フロンティアマーケット」と呼ばれる国々に投資するファンドが有力な候補になりそうです。

債券投資については、世界的に低金利の状態が続く中、より投資先を多様化させられるといいでしょう。たとえば、国債よりも高い利回りが狙える投資適格社債やハイイールド債なども投資対象として検討したいところです。

先に紹介した「低コストインデックスファンド」によるポートフォリオにこうしたファンドも組み合わせることができれば、「究極の分散投資」が可能になります。ただしｉＤｅＣｏで「究極の分散投資」を実践するには、ｉＤｅＣｏ向け商品に多様な投信がそろっている金融機関でなければなりません。

そこで今回は、ｉＤｅＣｏ向けの商品数で抜きんでているＳＢＩ証券の商品を組み合わせた「究極の分散投資」ポートフォリオをご紹介しましょう。**【図5-12】**（191ページ）をご覧ください。

50歳までのポートフォリオのベースは「国内株式20%、外国株式80%」でこれまでご紹介したものと同じです。より分散を効《き》かせるため、国内株20%のうち５％は中小型株式を投資対象とする「ＳＢＩ中小型割安成長株ファンド　ジェイリバイブ〈ＤＣ年金〉」にし、外国株式は世界の中小型株に投資する「ＥＸＥ-ｉグローバル中小型株式ファンド」を15％、アジアのフロンティアマーケットの株式に投資する「ハーベスト　アジア　フロンティア株式ファンド」を5％組み入れます。

このポートフォリオは加重平均した信託報酬が0・48％で、期待収益率はおよそ5・8％となります。

50歳以降のポートフォリオも、ベースは「株式50％、債券50％」で変わりません。「株式50％」には先にご紹介した3本のファンドを組み入れるほか、「債券50％」の一部に、日系企業が発行する外貨建て社債を投資対象とする「SBI‐PIMCOジャパン・ベターインカム・ファンド」を入れています。

このポートフォリオだと、加重平均した信託報酬が0・52％で、期待収益率はおよそ4・0％となります。

いずれの「究極の分散投資」ポートフォリオも、「低コストインデックスファンド」ポートフォリオと比べて若干のコスト上昇はあるものの、それを上回る期待収益率の改善が見込めるわけです。

このような運用の工夫は、ご提案したポートフォリオに限らず有効です。たとえば

【図5-12】究極の分散投資のポートフォリオ

50歳まで

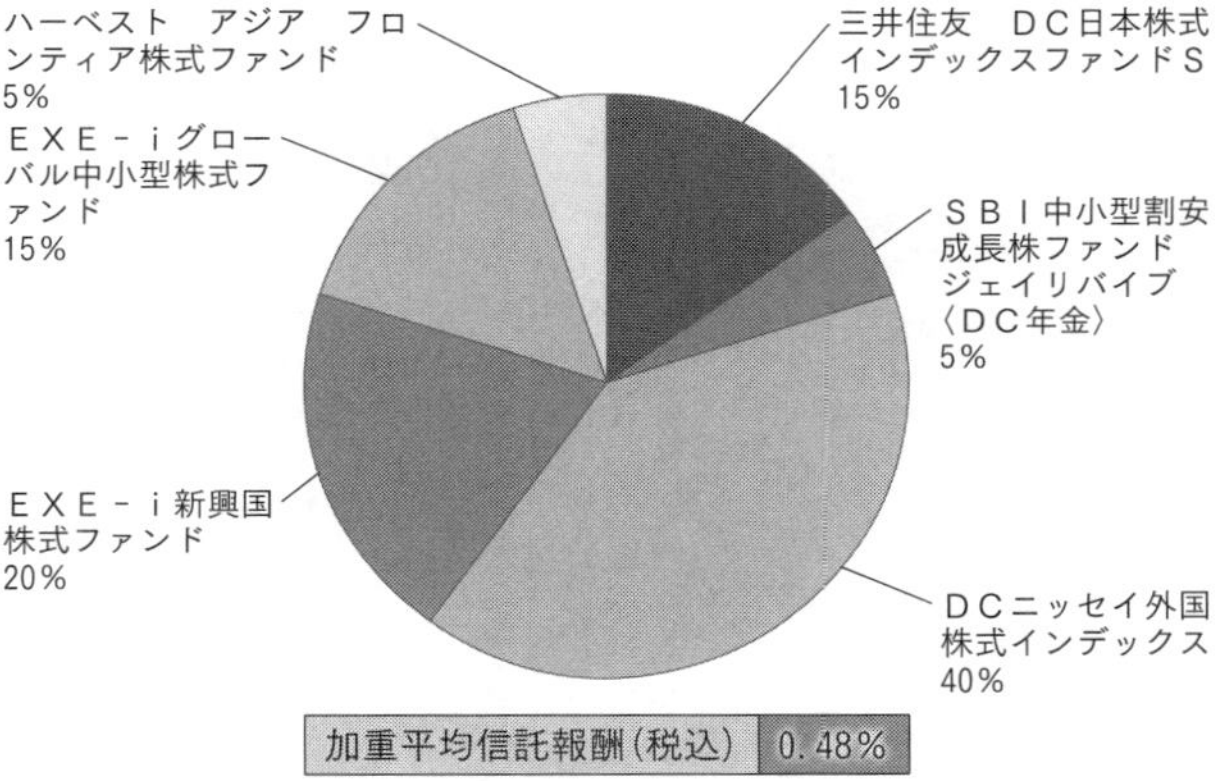

50歳以降

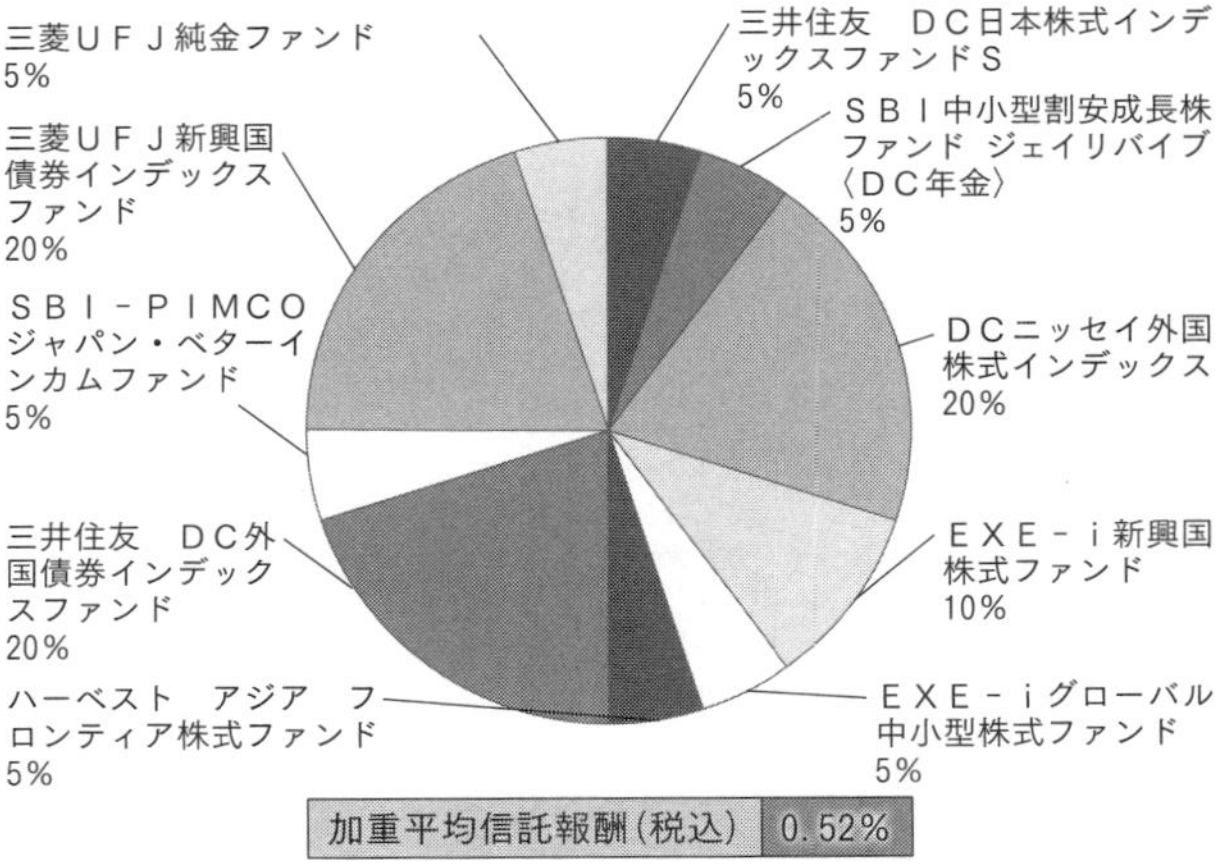

ターゲットイヤーファンドをベースとしながら、自分がポートフォリオに組み入れたいと考える資産をスパイスのように組み合わせるのも一案でしょう。

ｉＤｅＣｏを始めれば、きっと資産運用への関心が高まり、さまざまなチャレンジをしたくなるのではないかと思います。その際にはぜひ、ここでご紹介した「究極の分散投資」の考え方を参考にしていただければと思います。

おわりに　ｉＤｅＣｏを入口に、「預貯金だけ」から卒業を

最後までお読みいただき、ありがとうございました。

本書は、２０１７年１月からｉＤｅＣｏの加入対象者が拡大することを受け、まずはこれまで以上に身近になるであろう資産運用について理解を深めていただくこと、そしてｉＤｅＣｏのメリットを知って十分に活用していただくことを願って執筆したものです。

日本では、これまで資産運用はあまり身近なものとは言えませんでした。よくメディアで引き合いに出される「家計の金融資産構成比」のデータを見ると、日本の家計では現金・預金が約５割、保険・年金準備金が約３割を占めており、株式は約８％、投信にいたっては約５％程度に過ぎません。

投資先進国であるアメリカでは、株式が約35％、投信が確定拠出年金を含めると約25％を占め、現金・預金が15％に満たないことを考えると、投資に関しては日本は後

進国であるといわざるを得ないでしょう。

しかし、本書でご説明してきたように、預金に頼って資産を形成できる時代はすでに過去のものとなっています。豊かな老後を目指すには、資産運用に前向きに取り組むことが必要になっているのです。

本書を手に取ってくださった方も、日本人の大半がそうであるように、「これまでお金は預貯金で貯めてきた」「運用商品は買ったことがない」というケースが多いのではないかと思います。ですが、みなさんは本書をお読みになったことで、iDeCoですぐにも運用を実践できる知識を身に付けられました。そしてここで学んでいただいた運用の考え方は、iDeCoに限らず、NISA口座での運用などにも応用していただけるはずです。

これを機《き》に、ぜひ「預貯金だけ」から卒業し、着実な資産形成に向けて新たな一歩を踏み出していただけることを願っています。

合計商品数　27本

	運用会社	信託報酬（税込）（%）
年）	三井住友銀行	－
（愛称：ＤＣ武蔵）	大和投資信託	1.64
定拠出年金専用ファンド）	大和投資信託	1.64
（愛称：ＤＣ底力）	大和投資信託	1.64
	シュローダー・インベストメント・マネジメント	1.60
	フィデリティ投信	1.65
ス（確定拠出年金専用）	大和投資信託	0.67
	大和投資信託	0.27
	大和投資信託	0.27
ス	大和投資信託	0.49
ド	大和投資信託	1.81
	大和投資信託	1.64
	大和投資信託	1.81
	大和投資信託	1.81
	大和住銀投信投資顧問	1.97
	大和投資信託	0.27
ス	大和投資信託	1.03
	大和投資信託	0.27
ス	大和投資信託	0.70
羽／６分散コース）	大和投資信託	1.13
羽／安定コース）	大和投資信託	0.97
羽／成長コース）	大和投資信託	1.30
	大和投資信託	0.30
	大和投資信託	0.37
ド	大和投資信託	1.11
ンド	大和投資信託	0.81
ックスファンド	大和投資信託	0.57

（2016年11月30日現在）

〈巻末付録〉

大和証券

商品区分	本数	運用スタイル	ＭＳカテゴリー
元本確保型	1本	－	三井住友銀行確定拠出年金定期預金（5
国内株式	7本	アクティブ	ＤＣ・ダイワ・アクティブ・ニッポン
			ＤＣ・ダイワ・ジャパン・オープン（確
			ＤＣ・ダイワ・バリュー株・オープン
			シュローダー年金運用ファンド日本株式
			フィデリティ・日本成長株・ファンド
		パッシブ	ＤＣ・ダイワ・トピックス・インデック
			ＤＣダイワ日本株式インデックス
国内債券	2本	パッシブ	ＤＣダイワ日本債券インデックス
			ダイワ投信倶楽部　日本債券インデック
先進国株式	7本	アクティブ	ダイワ・ダイナミック・インド株ファン
			ダイワ・チャイナ・ファンド
			ダイワ・ブラジル株式ファンド
			ダイワ・ロシア株ファンド
			大和住銀ＤＣ外国株式ファンド
		パッシブ	ＤＣダイワ外国株式インデックス
			ダイワ投信倶楽部　外国株式インデック
先進国債券	2本	パッシブ	ＤＣダイワ外国債券インデックス
			ダイワ投信倶楽部　外国債券インデック
バランス型	3本	アクティブ	ＤＣダイワ・ワールドアセット（六つの
			ＤＣダイワ・ワールドアセット（六つの
			ＤＣダイワ・ワールドアセット（六つの
ターゲットイヤー	2本	パッシブ	ＤＣダイワ・ターゲットイヤー２０２０
			ＤＣダイワ・ターゲットイヤー２０３０
コモディティ	1本	パッシブ	ダイワ／ＲＩＣＩコモディティ・ファン
国内ＲＥＩＴ	1本	アクティブ	ＤＣダイワＪ－ＲＥＩＴアクティブファ
海外ＲＥＩＴ	1本	パッシブ	ＤＣダイワ・グローバルＲＥＩＴインデ

合計商品数　19本

	運用会社	信託報酬（税込）（%）
配当）	三井住友海上火災保険	-
	三井住友海上火災保険	-
	大和住銀投信投資顧問	1.19
	フィデリティ投信	1.65
5（確定拠出年金専用ファンド）	大和投資信託	0.56
ァンド	三井住友アセットマネジメント	0.27
ス	大和投資信託	0.49
バル・グロース・オポチュニティ	アライアンス・バーンスタイン	1.81
デックス・オープン	ステート・ストリート	1.03
（確定拠出年金向け）	野村アセットマネジメント	0.60
デックス・オープン	ステート・ストリート	0.59
スト10）	野村アセットマネジメント	1.30
ンド30（安定型）	三井住友アセットマネジメント	0.97
ンド50（標準型）	三井住友アセットマネジメント	1.19
ンド70（積極型）	三井住友アセットマネジメント	1.40
	大和投資信託	0.76
	大和投資信託	0.86
	大和投資信託	0.97
金向け）	野村アセットマネジメント	1.03

（2016年11月30日現在）

〈巻末付録〉

三井住友海上火災保険

商品区分	本数	運用スタイル	商品名
元本確保型	2本	-	三井住友海上・積立傷害保険（10年・無
			三井住友海上・積立傷害保険（５年）
国内株式	4本	アクティブ	大和住銀ＤＣ日本株式ファンド
			フィデリティ・日本成長株・ファンド
		パッシブ	ＤＣ・ダイワ・ストックインデックス22
			三井住友・日本株式インデックス年金フ
国内債券	1本	パッシブ	ダイワ投信倶楽部　日本債券インデック
先進国株式	2本	アクティブ	アライアンス・バーンスタイン・グローーズ（年金向け）
		パッシブ	ステート・ストリートＤＣ外国株式イン
新興国株式	1本	パッシブ	野村新興国株式インデックスファンド
国際債券	1本	パッシブ	ステート・ストリートＤＣ外国債券イン
バランス型	7本	アクティブ	野村ＤＣ運用戦略ファンド（愛称：ネク
			三井住友・ライフビュー・バランスファ
			三井住友・ライフビュー・バランスファ
			三井住友・ライフビュー・バランスファ
		パッシブ	ダイワライフスタイル25
			ダイワライフスタイル50
			ダイワライフスタイル75
国内ＲＥＩＴ	1本	アクティブ	野村Ｊ－ＲＥＩＴファンド（確定拠出年

合計商品数　10本

	運用会社	信託報酬（税込）（%）
期預金	三菱東京ＵＦＪ銀行	－
	明治安田生命	－
	三菱ＵＦＪ国際投信	0.43
	三菱ＵＦＪ国際投信	0.65
	三菱ＵＦＪ国際投信	0.43
	三菱ＵＦＪ国際投信	0.65
	三菱ＵＦＪ国際投信	0.54
	三菱ＵＦＪ国際投信	0.54
	三菱ＵＦＪ国際投信	0.43
ス	三菱ＵＦＪ国際投信	0.65

（2016年11月30日現在）

〈巻末付録〉

三菱東京ＵＦＪ銀行（ライトコース）

商品区分	本数	運用スタイル	商品名
元本確保型	2本	−	三菱東京ＵＦＪ確定拠出年金専用１年定
			明治安田予定利率補償年金（５年）
国内株式	1本	パッシブ	ｅＭＡＸＩＳ　日経225インデックス
先進国株式	1本	パッシブ	ｅＭＡＸＩＳ　先進国株式インデックス
国内債券	1本	パッシブ	ｅＭＡＸＩＳ　国内債券インデックス
先進国債券	1本	パッシブ	ｅＭＡＸＩＳ　先進国債券インデックス
バランス型	2本	パッシブ	ｅＭＡＸＩＳ　バランス（４資産均等型）
			ｅＭＡＸＩＳ　バランス（８資産均等型）
国内ＲＥＩＴ	1本	パッシブ	ｅＭＡＸＩＳ　国内リートインデックス
海外ＲＥＩＴ	1本	パッシブ	ｅＭＡＸＩＳ　先進国リートインデック

合計商品数　11本

	運用会社	信託報酬（税込）（%）
	みずほ銀行	–
ファンド	アセットマネジメントＯｎｅ	0.17
	アセットマネジメントＯｎｅ	0.24
ジあり〉	アセットマネジメントＯｎｅ	0.24
	アセットマネジメントＯｎｅ	0.16
	アセットマネジメントＯｎｅ	0.22
ジあり〉	アセットマネジメントＯｎｅ	0.22
型	アセットマネジメントＯｎｅ	0.64
	アセットマネジメントＯｎｅ	1.19
	アセットマネジメントＯｎｅ	0.32
	アセットマネジメントＯｎｅ	0.38

（2016年11月30日現在）

〈巻末付録〉

みずほ銀行

商品区分	本数	運用スタイル	商品名
元本確保型	1本	-	みずほＤＣ定期預金（１年）
国内株式	1本	パッシブ	ＤＩＡＭ　ＤＣ　国内株式インデックス
先進国株式	2本	パッシブ	たわらノーロード先進国株式
			たわらノーロード先進国株式〈為替ヘッ
国内債券	1本	パッシブ	たわらノーロード国内債券
先進国債券	2本	パッシブ	たわらノーロード先進国債券
			たわらノーロード先進国債券〈為替ヘッ
バランス	2本	アクティブ	投資のソムリエ〈ＤＣ年金〉リスク抑制
			投資のソムリエ〈ＤＣ年金〉
国内ＲＥＩＴ	1本	パッシブ	たわらノーロード国内リート
海外ＲＥＩＴ	1本	パッシブ	たわらノーロード先進国リート

※現行プランの取扱い方針と告知スケジュール
・2016年10月（予定）～新個人型プラン情報提供開始、現行プラン受付停止案内
・2017年1月～新個人型プラン取扱い開始（現行プラン受付停止）

合計商品数　40本

	運用会社	信託報酬（税込）（%）
	日本生命保険	－
	日本生命保険	－
	三井住友信託銀行	－
	三井住友信託銀行	－
期預金「ベストテン」	三菱ＵＦＪ信託銀行	－
（10年）	明治安田生命保険	－
（５年）	明治安田生命保険	－
	フィデリティ投信	1.65
ンド（ＤＣ向け）	ラッセル・インベストメント	1.67
	岡三アセットマネジメント	1.22
	ニッセイアセットマネジメント	0.17
定拠出年金向け）	野村アセットマネジメント	0.62
	岡三アセットマネジメント	0.59
	フィデリティ投信	1.87
	岡三アセットマネジメント	1.34
	ニッセイアセットマネジメント	0.23
ス・ファンド	インベスコ・アセット・マネジメント	0.76
	大和投資信託	1.81
	ＪＰモルガン・アセット・マネジメント	1.94
	岡三アセットマネジメント	1.59
	三井住友トラスト・アセットマネジメント	0.63
	三井住友アセットマネジメント	0.81
	ニッセイアセットマネジメント	0.43
	岡三アセットマネジメント	0.92
	三井住友アセットマネジメント	0.81
〈ＤＣ年金〉	アセットマネジメントＯｎｅ	0.27
	プルデンシャル・インベストメント・マネジメント・ジャパン・インク	0.70
	三井住友トラスト・アセットマネジメント	0.59
称：ゆめ計画70（確定拠出年金）〉	ニッセイアセットマネジメント	1.62
称：ゆめ計画30（確定拠出年金）〉	ニッセイアセットマネジメント	1.19
ゆめ計画50（確定拠出年金）〉	ニッセイアセットマネジメント	1.40
	ニッセイアセットマネジメント	0.70
	アセットマネジメントＯｎｅ	1.19
的配分型）	三井住友アセットマネジメント	0.89
	三井住友トラスト・アセットマネジメント	0.28
	三井住友トラスト・アセットマネジメント	0.31
	三井住友トラスト・アセットマネジメント	0.35
	岡三アセットマネジメント	0.80
	岡三アセットマネジメント	1.51
ァンド	三井住友アセットマネジメント	0.30

（2016年11月30日現在）

岡三証券

商品区分	本数	運用スタイル	商品名
元本確保型	7本	−	ニッセイ利率保証年金（５年保証）
			ニッセイ利率保証年金（10年保証）
			三井住友信託ＤＣ固定定期５年
			三井住友信託ＤＣ変動定期５年
			三菱ＵＦＪ信託銀行　確定拠出年金専用定
			明治安田予定利率変動型確定拠出年金保険
			明治安田予定利率変動型確定拠出年金保険
国内株式	6本	アクティブ	フィデリティ・日本成長株・ファンド
			ラッセル・インベストメント日本株式ファ
			ＤＣ日本連続増配成長株オープン
		パッシブ	ＤＣニッセイ国内株式インデックス
			トピックス・インデックス・オープン（確
			日本インデックス225ＤＣファンド
先進国株式	4本	アクティブ	フィデリティ・グローバル・ファンド
			ＤＣ米国連続増配成長株オープン
		パッシブ	ＤＣニッセイ外国株式インデックス
			インベスコＭＳＣＩコクサイ・インデック
新興国株式	4本	アクティブ	ダイワ・ブラジル株式ファンド
			ＪＰＭインド株式アクティブ・オープン
			ＤＣチャイナ・ロード
		パッシブ	ＤＣ新興国株式インデックス・オープン
国内債券	2本	アクティブ	三井住友・ＤＣ国内債券アクティブ
		パッシブ	ＤＣニッセイ国内債券インデックス
先進国債券	4本	アクティブ	ＤＣワールド・ソブリン・インカム
			三井住友・ＤＣ外国債券アクティブ
		パッシブ	ＤＩＡＭ外国債券インデックスファンド
			ＰＲＵ海外債券マーケット・パフォーマー
新興国債券	1本	パッシブ	ＤＣ新興国債券インデックス・オープン
バランス型	9本	アクティブ	ＤＣニッセイ／パトナム・グローバルバランス（株式重視型）〈愛
			ＤＣニッセイ／パトナム・グローバルバランス（債券重視型）〈愛
			ＤＣニッセイ／パトナム・グローバルバランス（標準型）〈愛称：
			ＤＣニッセイ安定収益追求ファンド
			投資のソムリエ〈ＤＣ年金〉
			三井住友・ＤＣ世界バランスファンド（動
		パッシブ	ＤＣマイセレクション25
			ＤＣマイセレクション50
			ＤＣマイセレクション75
国内ＲＥＩＴ	1本	アクティブ	ＤＣ日本Ｊリートオープン
海外ＲＥＩＴ	2本	アクティブ	ＤＣグローバル・リート・セレクション
		パッシブ	三井住友・ＤＣ外国リートインデックスフ

合計商品数　20本

	運用会社	信託報酬（税込）（%）
	損保ジャパン日本興亜	-
	アセットマネジメントＯｎｅ	1.66
称：ぶなの森）	損保ジャパン日本興亜アセットマネジメント	1.62
株式）（愛称：ＤＣ　Ｔ	日興アセットマネジメント	0.67
オープン	朝日ライフアセットマネジメント	1.94
	三井住友トラスト・アセットマネジメント	0.86
ージング）株式	日興アセットマネジメント	0.59
	大和投資信託	0.43
け）	野村アセットマネジメント	0.59
	日興アセットマネジメント	0.49
ス	大和投資信託	0.70
ージング）債券（１年	日興アセットマネジメント	0.56
金向け）	野村アセットマネジメント	1.03
ックスファンド	大和投資信託	0.57
スト10）	野村アセットマネジメント	1.30
	損保ジャパン日本興亜アセットマネジメント	1.75
	損保ジャパン日本興亜アセットマネジメント	1.57
	損保ジャパン日本興亜アセットマネジメント	1.38
	損保ジャパン日本興亜アセットマネジメント	1.20
	損保ジャパン日本興亜アセットマネジメント	1.02

（2016年11月30日現在）

〈巻末付録〉

損保ジャパン日本興亜ＤＣ証券

商品区分	本数	運用スタイル	商品名
元本確保型	1本	－	確定拠出年金傷害保険
国内株式	3本	－	ＤＩＡＭ日本株式オープン〈ＤＣ年金〉
			損保ジャパン・グリーン・オープン（愛
		パッシブ	インデックスファンドＴＯＰＩＸ（日本 ＯＰＩＸ）
先進国株式	2本	アクティブ	朝日Ｎ－ＶＥＳＴグローバルバリュー株
		パッシブ	ＤＣ外国株式インデックス・オープン
新興国株式	1本	パッシブ	インデックスファンド海外新興国（エマ
国内債券	3本	アクティブ	ＤＣダイワ物価連動国債ファンド
			野村日本債券ファンド（確定拠出年金向
		パッシブ	インデックスファンド日本債券
先進国債券	1本	パッシブ	ダイワ投信倶楽部　外国債券インデック
新興国債券	1本	パッシブ	インデックスファンド海外新興国（エマ 決算型）
その他（リート）	2本	アクティブ	野村Ｊ－ＲＥＩＴファンド（確定拠出年
		パッシブ	ＤＣダイワ・グローバルＲＥＩＴインデ
バランス型	6本	アクティブ	野村ＤＣ運用戦略ファンド（愛称：ネク
			ハッピーエイジング・ファンド20
			ハッピーエイジング・ファンド30
			ハッピーエイジング・ファンド40
			ハッピーエイジング・ファンド50
			ハッピーエイジング・ファンド60

合計商品数　20本

	運用会社	信託報酬（税込）（%）
期預金	東京海上日動火災保険	－
	東京海上アセットマネジメント	1.62
X	東京海上アセットマネジメント	0.65
ド	東京海上アセットマネジメント	0.24
ド	大和住銀投信投資顧問	1.75
ックス	東京海上アセットマネジメント	0.22
（確定拠出年金向け）	野村アセットマネジメント	0.82
ックス	東京海上アセットマネジメント	0.15
	東京海上アセットマネジメント	1.12
ックス	東京海上アセットマネジメント	0.19
（確定拠出年金向け）	野村アセットマネジメント	0.75
1回決算型）	東京海上アセットマネジメント	0.91
	東京海上アセットマネジメント	1.03
	東京海上アセットマネジメント	1.23
	東京海上アセットマネジメント	1.41
	三菱UFJ国際投信	1.17
1回決算型）	東京海上アセットマネジメント	1.34
（確定拠出年金）	三菱UFJ国際投信	0.35
ド	三菱UFJ国際投信	0.92
（確定拠出年金向け）	野村アセットマネジメント	0.57

（2016年11月30日現在）

〈巻末付録〉

東京海上日動火災保険

商品区分	本数	運用スタイル	商品名
元本確保型	1本	－	三菱東京ＵＦＪ確定拠出年金専用１年定
国内株式	3本	アクティブ	東京海上セレクション・日本株式
		パッシブ	東京海上セレクション・日本株ＴＯＰＩ
			東京海上・日経225インデックスファン
先進国株式	2本	アクティブ	大和住銀ＤＣ海外株式アクティブファン
		パッシブ	東京海上セレクション・外国株式インデ
新興国株式	1本	パッシブ	野村新興国株式インデックスファンド
国内債券	1本	パッシブ	東京海上セレクション・日本債券インデ
先進国債券	2本	アクティブ	東京海上セレクション・外国債券
		パッシブ	東京海上セレクション・外国債券インデ
新興国債券	1本	パッシブ	野村新興国債券インデックスファンド
バランス型	7本	アクティブ	東京海上・円資産バランスファンド（年 （愛称：円奏会〈年１回決算型〉）
			東京海上セレクション・バランス30
			東京海上セレクション・バランス50
			東京海上セレクション・バランス70
			トレンド・アロケーション・オープン
			東京海上・年金運用型戦略ファンド（年
		パッシブ	三菱ＵＦＪプライムバランス（８資産）
国内ＲＥＩＴ	1本	アクティブ	三菱ＵＦＪ〈ＤＣ〉Ｊ－ＲＥＩＴファン
海外ＲＥＩＴ	1本	パッシブ	野村世界ＲＥＩＴインデックスファンド

合計商品数　19本

	運用会社	信託報酬(税込)(%)
５年	セブン銀行	-
拠出年金向け)	野村アセットマネジメント	1.10
・ＴＯＰＩＸ	野村アセットマネジメント	0.21
定拠出年金向け)	野村アセットマネジメント	0.27
用)	キャピタル・インターナショナル	1.54
・オープンＢ(為替ヘッジなし)	フィデリティ投信	1.71
・ＭＳＣＩ－ＫＯＫＵＳＡＩ	野村アセットマネジメント	0.24
(確定拠出年金向け)	野村アセットマネジメント	0.60
・ＮＯＭＵＲＡ－ＢＰＩ総合	野村アセットマネジメント	0.17
	野村アセットマネジメント	0.23
(確定拠出年金向け)	野村アセットマネジメント	0.59
【愛称：ネクスト10マイルド】	野村アセットマネジメント	0.65
スト10】	野村アセットマネジメント	0.86
	野村アセットマネジメント	0.24
	野村アセットマネジメント	0.25
	野村アセットマネジメント	0.26
	野村アセットマネジメント	0.39
金向け)	野村アセットマネジメント	1.03
(確定拠出年金向け)	野村アセットマネジメント	0.57

(2016年11月30日現在)

〈巻末付録〉

野村證券

商品区分	本数	運用スタイル	商品名
元本確保型	1本	-	セブン銀行確定拠出年金専用定期預金
国内株式	3本	アクティブ	リサーチ・アクティブ・オープン（確定
		パッシブ	野村ＤＣ国内株式インデックスファンド
			野村日経225インデックスファンド（確
先進国株式	3本	アクティブ	キャピタル世界株式ファンド（ＤＣ年金
			フィデリティ・グローバル・エクイティ（確定拠出年金向け）
		パッシブ	野村ＤＣ外国株式インデックスファンド
新興国株式	1本	パッシブ	野村新興国株式インデックスファンド
国内債券	1本	パッシブ	野村ＤＣ国内債券インデックスファンド
先進国債券	1本	パッシブ	野村ＤＣ外国債券インデックスファンド
新興国債券	1本	パッシブ	野村新興国債券インデックスファンド
バランス型	5本	アクティブ	野村ＤＣ運用戦略ファンド（マイルド）
			野村ＤＣ運用戦略ファンド【愛称：ネク
		パッシブ	マイバランスＤＣ30
			マイバランスＤＣ50
			マイバランスＤＣ70
ターゲットイヤー	1本	パッシブ	マイターゲット2050（確定拠出年金向け）
国内ＲＥＩＴ	1本	アクティブ	野村Ｊ－ＲＥＩＴファンド（確定拠出年
海外ＲＥＩＴ	1本	パッシブ	野村世界ＲＥＩＴインデックスファンド

合計商品数　16本

	運用会社	信託報酬(税込)(%)
年)	三井住友銀行	-
年)	三井住友銀行	-
ド	大和住銀投信投資顧問	1.05
ァンドS	三井住友アセットマネジメント	0.21
ド	大和住銀投信投資顧問	1.75
ファンド	三井住友アセットマネジメント	0.27
ファンド	三井住友アセットマネジメント	0.60
ンド	三井住友アセットマネジメント	0.17
ァンド	三井住友アセットマネジメント	0.23
ージング)債券(1年決算型)	日興アセットマネジメント	0.56
(動的配分型)	三井住友アセットマネジメント	0.89
	大和住銀投信投資顧問	0.68
点型)	三井住友アセットマネジメント	0.24
	三井住友アセットマネジメント	0.25
点型)	三井住友アセットマネジメント	0.26
(確定拠出年金向け)	野村アセットマネジメント	0.57

(2016年11月30日現在)

〈巻末付録〉

三井住友銀行

商品区分	本数	運用スタイル	商品名
元本確保型	2本	-	三井住友銀行確定拠出年金定期預金（3
			三井住友銀行確定拠出年金定期預金（10
国内株式	2本	アクティブ	大和住銀ＤＣ日本株式アクティブファン
		パッシブ	三井住友・ＤＣ日本株式インデックスフ
先進国株式	2本	アクティブ	大和住銀ＤＣ海外株式アクティブファン
		パッシブ	三井住友・ＤＣ全海外株式インデックス
新興国株式	1本	パッシブ	三井住友・ＤＣ新興国株式インデックス
国内債券	1本	パッシブ	三井住友・日本債券インデックス・ファ
先進国債券	1本	パッシブ	三井住友・ＤＣ外国債券インデックスフ
新興国債券	1本	パッシブ	インデックスファンド海外新興国（エマ
バランス型	5本	アクティブ	三井住友・ＤＣ世界バランスファンド
			世界国債プラス
		パッシブ	三井住友・ＤＣ年金バランス30（債券重
			三井住友・ＤＣ年金バランス50（標準型）
			三井住友・ＤＣ年金バランス70（株式重
海外ＲＥＩＴ	1本	パッシブ	野村世界ＲＥＩＴインデックスファンド

合計商品数　19本

	運用会社	信託報酬（税込）（%）
年）	三井住友銀行	－
	住友生命保険	－
	住友生命保険	－
	フィデリティ投信	1.65
	日興アセットマネジメント	0.89
	三井住友アセットマネジメント	1.40
ＯＰＩＸ連動型）	日興アセットマネジメント	0.18
ファンド	三井住友アセットマネジメント	0.27
ージング）株式（ＤＣインデッ	日興アセットマネジメント	0.59
ンド	三井住友アセットマネジメント	0.17
ァンド	三井住友アセットマネジメント	0.23
ージング）債券（１年決算型）	日興アセットマネジメント	0.56
（機動的資産配分）（資産配分	三井住友アセットマネジメント	0.64
（ネクスト10マイルド）	野村アセットマネジメント	0.65
	日興アセットマネジメント	0.18
	日興アセットマネジメント	0.19
	日興アセットマネジメント	0.21
金向け）	野村アセットマネジメント	1.03
ファンド	三井住友アセットマネジメント	0.30

（2016年11月30日現在）

住友生命保険（スミセイ個人型プラン）

商品区分	本数	運用スタイル	商品名
元本確保型	3本	－	三井住友銀行確定拠出年金定期預金（3
			スミセイＤＣたのしみ年金５年
			スミセイＤＣたのしみ年金10年
国内株式	4本	アクティブ	フィデリティ・日本成長・株ファンド
			年金積立Ｊグロース（ＤＣＪグロース）
			三井住友・バリュー株式年金ファンド
		パッシブ	年金インデックスファンド日本株式（Ｔ
先進国株式	1本	パッシブ	三井住友・ＤＣ全海外株式インデックス
新興国株式	1本	パッシブ	インデックスファンド海外新興国（エマクス海外新興国株式）
国内債券	1本	パッシブ	三井住友・日本債券インデックス・ファ
先進国債券	1本	パッシブ	三井住友・ＤＣ外国債券インデックスフ
新興国債券	1本	パッシブ	インデックスファンド海外新興国（エマ（ＤＣインデックス海外新興国債券）
バランス型	5本	アクティブ	ＳＭＡＭ・グローバルバランスファンドおまかせくん）
			野村ＤＣ運用戦略ファンド（マイルド）
		パッシブ	ＤＣインデックスバランス（株式20）
			ＤＣインデックスバランス（株式40）
			ＤＣインデックスバランス（株式60）
国内ＲＥＩＴ	1本	アクティブ	野村Ｊ－ＲＥＩＴファンド（確定拠出年
海外ＲＥＩＴ	1本	パッシブ	三井住友・ＤＣ外国リートインデックス

合計商品数　24本

	運用会社	信託報酬（税込）（%）
のつみたて年金（５年）」	第一生命保険	－
	フィデリティ投信	1.65
Ｃ年金〉	アセットマネジメントＯｎｅ	1.84
ファンド	アセットマネジメントＯｎｅ	0.17
	アセットマネジメントＯｎｅ	1.88
	アセットマネジメントＯｎｅ	0.24
	アセットマネジメントＯｎｅ	0.53
	アセットマネジメントＯｎｅ	0.49
Ｓ	三井住友トラスト・アセットマネジメント	0.17
	アセットマネジメントＯｎｅ	0.92
	アセットマネジメントＯｎｅ	0.22
ジング）債券（１年決算型）	日興アセットマネジメント	0.56
年金〉１　安定型	アセットマネジメントＯｎｅ	1.62
年金〉２　安定・成長型	アセットマネジメントＯｎｅ	1.62
年金〉３　成長型	アセットマネジメントＯｎｅ	1.62
型	アセットマネジメントＯｎｅ	0.64
	アセットマネジメントＯｎｅ	1.19
ド（新興国10）	アセットマネジメントＯｎｅ	0.34
ド（新興国20）	アセットマネジメントＯｎｅ	0.37
ド（新興国30）	アセットマネジメントＯｎｅ	0.41
金向け）	野村アセットマネジメント	1.03
	アセットマネジメントＯｎｅ	0.32
ァンド〈ＤＣ年金〉	アセットマネジメントＯｎｅ	1.71
	アセットマネジメントＯｎｅ	0.38

（2016年11月30日現在）

〈巻末付録〉

第一生命保険

商品区分	本数	運用スタイル	商品名
元本確保型	1本	-	有期利率保証型確定拠出年金保険「第一
国内株式	3本	アクティブ	フィデリティ・日本成長株ファンド
			ＭＨＡＭ　日本バリュー株オープン〈Ｄ
		パッシブ	ＤＩＡＭ　ＤＣ　国内株式インデックス
先進国株式	2本	アクティブ	ＤＩＡＭ　外国株式オープン〈ＤＣ年金〉
		パッシブ	たわらノーロード　先進国株式
新興国株式	1本	パッシブ	たわらノーロード　新興国株式
国内債券	2本	アクティブ	ＤＬＩＢＪ公社債オープン（中期コース）
		パッシブ	ＤＣ　日本債券インデックス・オープン
先進国債券	2本	アクティブ	グローバル・ボンド・ポート（Ｄコース）
		パッシブ	たわらノーロード　先進国債券
新興国債券	1本	パッシブ	インデックスファンド海外新興国（エマー
バランス型	8本	アクティブ	ＤＩＡＭライフサイクルファンド〈ＤＣ
			ＤＩＡＭライフサイクルファンド〈ＤＣ
			ＤＩＡＭライフサイクルファンド〈ＤＣ
			投資のソムリエ〈ＤＣ年金〉リスク抑制
			投資のソムリエ〈ＤＣ年金〉
		パッシブ	ＤＩＡＭ　ＤＣ　８資産バランスファン
			ＤＩＡＭ　ＤＣ　８資産バランスファン
			ＤＩＡＭ　ＤＣ　８資産バランスファン
国内ＲＥＩＴ	2本	アクティブ	野村Ｊ－ＲＥＩＴファンド（確定拠出年
		パッシブ	たわらノーロード　国内リート
海外ＲＥＩＴ	2本	アクティブ	ＤＩＡＭワールドＲＥＩＴアクティブフ
		パッシブ	たわらノーロード　先進国リート

切りとり線

★読者のみなさまにお願い

この本をお読みになって、どんな感想をお持ちでしょうか。祥伝社のホームページから書評をお送りいただけたら、ありがたく存じます。今後の企画の参考にさせていただきます。また、次ページの原稿用紙を切り取り、左記まで郵送していただいても結構です。

お寄せいただいた書評は、ご了解のうえ新聞・雑誌などを通じて紹介させていただくこともあります。採用の場合は、特製図書カードを差しあげます。

なお、ご記入いただいたお名前、ご住所、ご連絡先等は、書評紹介の事前了解、謝礼のお届け以外の目的で利用することはありません。また、それらの情報を6カ月を越えて保管することもありません。

〒101-8701（お手紙は郵便番号だけで届きます）
祥伝社新書編集部
電話03（3265）2310
祥伝社ホームページ　http://www.shodensha.co.jp/bookreview/

★本書の購入動機（新聞名か雑誌名、あるいは○をつけてください）

＿＿＿＿新聞の広告を見て	＿＿＿＿誌の広告を見て	＿＿＿＿新聞の書評を見て	＿＿＿＿誌の書評を見て	書店で見かけて	知人のすすめで

★100字書評……「iDeCo《イデコ》」で自分年金をつくる——個人型確定拠出年金の超・実践的活用術

名前

住所

年齢

職業

朝倉智也　あさくら・ともや

モーニングスター株式会社代表取締役社長。1966年生まれ。89年、慶應義塾大学文学部卒。銀行、証券会社にて資産運用助言業務に従事した後、95年、米国イリノイ大学経営学修士号取得（MBA）。その後、ソフトバンク株式会社財務部にて資金調達・資金運用全般、子会社の設立および上場準備を担当。98年、モーニングスター株式会社設立に参画し、米国モーニングスターでの勤務を経て、2004年より現職。第三者投信評価機関の代表として、常に中立的・客観的な投資情報の提供を行ない、個人投資家の的確な資産形成に努めるとともに、各上場企業には、戦略的IRのサポートも行なっている。
著書に『新版 投資信託選びでいちばん知りたいこと』（ダイヤモンド社）、『ものぐさ投資術』（PHPビジネス新書）など多数。
Facebook：https://www.facebook.com/tomoya.asakura
Twitter：https://twitter.com/tomoyaasakura

「iDeCo《イデコ》」で自分年金《じぶんねんきん》をつくる
個人型確定拠出年金《こじんがたかくていきょしゅつねんきん》の超《ちょう》・実践的活用術《じっせんてきかつようじゅつ》

朝倉智也《あさくらともや》

2017年1月10日　初版第1刷発行

発行者……………………辻 浩明
発行所……………………祥伝社しょうでんしゃ
〒101-8701　東京都千代田区神田神保町3-3
電話　03(3265)2081(販売部)
電話　03(3265)2310(編集部)
電話　03(3265)3622(業務部)
ホームページ　http://www.shodensha.co.jp/
装丁者……………………盛川和洋
印刷所……………………堀内印刷
製本所……………………ナショナル製本

Printed in Japan　ISBN978-4-396-11493-0　C0233

〈祥伝社新書〉
経済を知る

390
退職金貧乏
定年後の「お金」の話
長生きとインフレに備える。すぐに始められる「運用マニュアル」つき！
塚崎公義

371
空き家問題
1000万戸の衝撃
毎年20万戸ずつ増加し、二〇二〇年には1000万戸に達する！　日本の未来は？
不動産コンサルタント
牧野知弘

477
民泊ビジネス
インバウンド激増によりブームとなった民泊は、日本経済の救世主か？
牧野知弘

478
新富裕層の研究
日本経済を変える新たな仕組み
新富裕層はどのようにして生まれ、富《とみ》のルールはどう変わったのか？
経済評論家
加谷《かや》珪一《けいいち》

306
リーダーシップ3.0
カリスマから支援者へ
中央集権型の1.0、変革型の2.0を経て、現在求められているのは支援型の3.0だ！
慶應義塾大学SFC研究所
小杉俊哉

〈祥伝社新書〉
話題のベストセラー！

379
国家の盛衰
3000年の歴史に学ぶ
覇権国家の興隆と衰退から、国家が生き残るための教訓を導き出す！
上智大学名誉教授 渡部昇一
早稲田大学特任教授 本村凌二

412
逆転のメソッド
箱根駅伝も
ビジネスも一緒です
箱根駅伝連覇！　ビジネスでの営業手法を応用したその指導法を紹介
青山学院大陸上競技部監督 原　晋

420
知性とは何か
日本を襲う「反知性主義」に対抗する知性を身につけよ。その実践的技法を解説
作家・元外務省主任分析官 佐藤　優

415
信濃が語る古代氏族と天皇
日本の古代史の真相を解く鍵が信濃にあった。善光寺と諏訪大社の謎に迫る
関　裕二

440
日韓　悲劇の深層
「史上最悪の関係」を、どう読み解くか
西尾幹二
呉　善花